RESEARCH ON THE DEVELOPMENT OF NETWORK VARIETY SHOWS

网络综艺节目发展研究

于仰飞◎著

中国国际广播出版社

图书在版编目（CIP）数据

网络综艺节目发展研究 / 于仰飞著. —北京：中国国际广播出版社，2021.12

ISBN 978-7-5078-5060-4

Ⅰ. ① 网…　Ⅱ. ① 于…　Ⅲ. ① 互联网络－文娱活动－电视节目－研究－中国　Ⅳ. ① G222.3

中国版本图书馆CIP数据核字（2021）第234016号

网络综艺节目发展研究

著　　者	于仰飞
责任编辑	尹春雪
校　　对	张　娜
版式设计	陈学兰
封面设计	赵冰波
出版发行	中国国际广播出版社有限公司［010-89508207（传真）］
社　　址	北京市丰台区榴乡路88号石榴中心2号楼1701 邮编：100079
印　　刷	环球东方（北京）印务有限公司
开　　本	710×1000　1/16
字　　数	140千字
印　　张	9.25
版　　次	2022 年 8 月　北京第一版
印　　次	2022 年 8 月　第一次印刷
定　　价	35.00 元

前 言

当人类社会步入21世纪时，随着传媒技术的发展，已经由“电子时代”迈入“网络时代”。2021年2月3日，由中国互联网络信息中心（CNNIC）发布的第47次《中国互联网络发展状况统计报告》显示，截止到2020年12月，中国网民规模达到9.89亿人，互联网普及率达70.4%；网络视频用户规模达9.27亿人，占网民整体的93.7%。其中短视频用户规模为8.73亿人，占网民整体的88.3%。网络已经成为人类社会生活中必不可少的工具。

1906年12月25日圣诞夜，美国匹兹堡大学费森顿教授在美国马萨诸塞州成功进行了实验电台的实验，从此宣告无线电广播的诞生。

1936年11月2日，英国广播公司（BBC）在伦敦郊外的亚历山大宫开播，标志着电视的诞生。

1958年5月1日，中央电视台的前身北京电视台开始实验播出，标志着中国电视事业的诞生。

电视媒介的诞生，可以说是人类历史传播领域质的飞跃。电视通过视觉和听觉的综合，带给人类不同的感受。电视这一媒介的诞生，将人类日常娱乐带入一个新的世界。所以，文艺节目在电视节目中所占比重最大，电视综艺节目成为电视荧屏上最为重要的节目形态。

随着媒介技术的发展，国内头部网络平台如爱奇艺、腾讯视频、优酷网、芒果TV等迅速成长起来。网民数量的增长，使传统媒体受到极大挑战。今天，传媒产业正悄然发生着变化，电视开机率下降，网络用户持续增长，网络综艺节目受到追捧，现象级网络综艺节目不断出现。

2020年8月4日，由国家广播电视总局监管中心整理并发布的《2019网络原创节目发展分析报告》显示，随着我国互联网普及率和网民数量的持续提高与增长，网络综艺节目的潜在消费群体及市场规模随之扩大，创作传播活跃，节目品质提升，影响持续扩大。网络综艺节目涉及音乐类、体育类、竞技类、观察类、语言类、亲子类等众多类型，因网络平台自身优势，其综艺类型向着更加细分化、垂直化的趋势发展。业界和学界也更加关注网络综艺节目的创新与发展，使其成为值得探索的全新课题。

目　录

第一章　网络综艺节目概述

何谓网络综艺节目？目前学术界并没有形成确切的定义，没有给网络综艺节目一个明确的界定。但是，我们要谈网络综艺节目，就不得不从电视综艺节目谈起。历数传媒发展史，不难看出，网络综艺节目可以说是脱胎于电视综艺节目，与电视综艺节目一脉相承，但又有其自身的特点。

回顾中国电视发展史，我们清晰地看到，自20世纪90年代，中央电视台《综艺大观》《正大综艺》节目的播出，标志着我国电视综艺节目的起步。我国电视综艺节目的发展历经“明星+表演”的表演综艺节目、“明星+游戏”的游戏综艺节目、“游戏+奖金”的益智博彩综艺节目以及真人秀综艺节目这四个发展时期。

伴随着媒介技术的进步、国内视频网站的兴起和网民数量的增加，国内头部网络平台如爱奇艺、腾讯视频、优酷网、芒果TV等纷纷制作网络综艺节目并播出，深受网民喜爱，有的网络综艺节目甚至可称为“现象级”，如《乘风破浪的姐姐》《见字如面》《乐队的夏天》等节目。但对于这些节目，历来称呼不一，如“网络综艺”“纯网综艺”“网络自制节目”“网络综艺节目”等，不一而足。而笔者更倾向于将其称为“网络综艺节目”。我们能够清晰地看出，网络综艺节目是脱胎于中国电视综艺节目，依托互联网，又在当下网络环境下成长壮大起来的，既与传统电视综艺节目一脉相承，又有自身发展特点，可以说既有继承性又有创新性的特点。

第一节　网络综艺节目的定义

根据电视综艺节目的概念，结合网络综艺节目的自身特点，笔者认为，广义的网络综艺节目，是指通过网络平台播出的自制或独播的综艺节目，同时也包括在传统电视媒体和网络媒体同步播出的综艺节目。

狭义的网络综艺节目，就是指依托互联网平台，运用互联网思维，以互联网视频网站、影视制作公司，甚至是独立制作团队或个体为制作主体，对节目进行选题、策划、制作，以网络视频网站为主要播出平台，面向网络受众群体，集合各种艺术表现形式于一体，呈现出强烈的网络文化特色的综合性娱乐节目。由此可见，网络综艺节目最大的特色就是网络性和互动性，它是一种突出反映当下网络文化特色的艺术形式。

第二节　网络综艺节目的分类

我国的网络综艺节目，自2007年搜狐视频制作的脱口秀节目《大鹏嘚吧嘚》开始算起，至今已走过15年。网络综艺节目的发展可以说是既吸收了国外综艺节目的成功经验，又继承了我们自己传统电视综艺节目的发展成果，以及网络综艺节目自身的创新，现在已经成为最具竞争力的综艺节目品牌。国内四大头部平台爱奇艺、腾讯视频、优酷网和芒果TV的网络综艺节目如《拜托了冰箱》《乐队的夏天》《这！就是灌篮》《见字如面》《乘风破浪的姐姐》等为广大网民所津津乐道。网络综艺节目类型越来越多，吸引了更多受众，这也符合当下网络的多元性和开放性特点，可以满足不同年龄段、不同地域、不同受教育程度的受众。更多类型的网络综艺节目，更是极大满足了当下不同年龄层次受众的审美需要。

对于多元化发展的网络综艺节目分类，学术界也有不同的划分意见。面对网络综艺节目的多元化发展，笔者将网络综艺节目尝试分类为网络真人秀节目、网络脱口秀节目、观察类网络综艺节目、网络体育综艺节目、网络音乐节目五大类型。

一、网络真人秀节目

网络真人秀节目，是指以明星嘉宾或普通素人为主，在规定情境中按照预先制定的规则完成活动或游戏，其过程被同步拍摄记录下来，展示其自我真性情，拍摄的视频经剪辑后，在视频网站播出的节目。真人秀节目是我国较早从国外引进的节目形态，在20世纪90年代进入中国电视荧屏，发展最为火爆。因此网络真人秀节目可以说是最具吸引力，为网络平台所借鉴并取得成功的节目类型。

比如，为受众所熟悉的由芒果TV制作的《明星大侦探》，自2016年3月起播出第一季，至今已制作播出七季。《明星大侦探》节目创意源自韩国推理类综艺节目《犯罪现场》，采用“角色扮演”+“推理”的节目形式，以侦探悬疑为核心，一方面明星嘉宾们在情境中互动，通过相关线索寻找关键信息；另一方面，他们要在有效的时间和线索中，还原案件真相，最终找出案件的真凶。《明星大侦探》节目主持人由何炅、撒贝宁、王鸥、白敬亭、吴映洁担任，主要嘉宾包括大张伟、刘昊然、张若昀、魏大勋、杨蓉、魏晨等，阵容可谓相当豪华。

同样，由上海东方娱乐传媒集团有限公司为腾讯视频制作的《放开我北鼻》也备受欢迎。该节目自2016年6月播出第一季，2017年、2018年播出第二季、第三季，常驻嘉宾有马天宇、易烊千玺、林更新、于小彤等。在节目中，年轻的男嘉宾与孩子们日常相处，由陌生到熟悉，同时，男嘉宾还要负责孩子们的日常衣食住行。在陌生的环境中，男嘉宾逐步与孩子们建立起信任的关系与深厚的感情。节目全程采用二次元视觉和节奏，还原嘉宾与孩子们的生活和变化，加入直播互动元素，让网友也可以参与到节目中来，这可以说是网络综艺节目中的一大创新特色。《放开我北鼻》摆脱固有的电视节目思维逻辑，坚持其作为真人秀的最大魅力，凭借“无剧本”的节目特色成为网络节目的一股“清流”。在节目中融入经典游戏元素和二次元的视觉体验，更是把一众网民带回到童年，回归初心。

网络真人秀节目可以说是最受广大网民欢迎的节目形式之一，且一直畅销不衰，真人秀的真实感受更是为网民受众带来极其过瘾的娱乐体验。

二、网络脱口秀节目

网络脱口秀节目，是指由观众围绕主持人提出的话题展开讨论的网络综艺节目。由于其独具特色的诙谐语言和轻松愉悦的谈话氛围，且通常围绕当下热门话题展开，受到当下网络受众的追捧。如爱奇艺的《奇葩说》、腾讯视频的《脱口秀大会》、优酷网的《安竹茶餐厅》等。

脱口秀的起源，最早可以追溯到18世纪英格兰地区的咖啡吧聚会，人们可以在此讨论各种社会问题。随着广播电视的发展，脱口秀逐渐兴起，尤其是在美国，脱口秀获得了极大发展。近年来互联网技术的发展，更使得网络脱口秀快速发展。同时，网络脱口秀也分为许多类型，如网络谈话交流脱口秀、网络综艺娱乐脱口秀、网络体育评论脱口秀等。

网络脱口秀节目的特点就是娱乐性极强，话题来自当下年轻人关注的热点问题、事件等，以其独特的脱口秀语言魅力，展现创作者的逻辑思维，以诙谐幽默的语言极尽讽刺之能事，贴近当下的生活，深受年轻受众的喜爱，更是在众多网络综艺节目中独树一帜。在脱口秀节目中，嘉宾们将生活中的点滴创作成节目的“包袱”，让年轻受众产生共情的心理，因此成为众多网络综艺节目中最受关注且收视率最高的节目类型之一。

由腾讯视频和上海笑果文化传媒有限公司联合出品的喜剧脱口秀节目《吐槽大会》，自2017年1月开始播出第一季，至今已播出五季。五季节目主持人均由张绍刚担任，节目主要嘉宾包括唐国强、李湘、张靓颖、张韶涵、张艺兴等。节目以网络中独有的“吐槽文化”为切入点，每期节目邀请一位名人，让其接受吐槽或自嘲，为观众带来笑点频频的喜剧体验，通过“吐槽”的形式，使受众感受到特殊的减压方式，传递正确的价值观。

腾讯视频的《吐槽大会》第一季总播放量达到13.8亿次，单期播放量更是突破2亿次。在第一季播出期间，网络总弹幕数高达1456.5万条，互动评论量达10万条。而在新浪微博，吐槽大会更是多次登上热门话题榜，话题阅读量达11.3亿次，可见《吐槽大会》播出后在当下年轻网络受众中的受欢迎程度。《吐槽大会》第二季的播放量更是高达18亿次，微信指数峰值突破1000万大关。截止到2021年1月，《吐槽大会》前四季总播放量已经超过85亿次。清华大学新闻与传播学院尹鸿教授说：“《吐槽大会》体现出吐槽的高级性，把喜剧脱口秀从理念到技术都发挥到了极致，因此能引起大家共鸣。”《光明日报》也给了《吐槽大会》极高的评价：“守正创新是网络综艺发展的根本要求与强劲动力，在弘扬主旋律、传播正能量的同时，网络综艺也迫切需要开拓新主题、新领域、新故事和新视听以突破同质化竞争的困局。《吐槽大会》选择脱口秀这一垂直题材作为创新突破口，积极寻求圈层破壁，在嘉宾的选择上也进一步多样化、多元化，使节目跳出脱口秀圈和演艺明星圈，提供多种行业的真实视角，观照更多样化的社会圈层……作为具有很强表现力和表达力的载体，《吐槽大会》用严谨专业的创作态度，去萃取对大众有益的文化引领，在传达娱乐的同时也实现对年轻一代的文化滋养与精神支持。”由此可见，网络脱口秀节目正在传播当下社会正能量，为观众带来欢声笑语的同时，更为当下中国网络综艺事业的发展起到极大的助推作用。

三、观察类网络综艺节目

观察类网络综艺节目，是指在原有真人秀的基础上，通过演播室嘉宾的观察、点评，以现场真人秀+演播室观察谈话的模式播出的网络综艺节目。目前广受好评的观察类网络综艺节目有芒果TV的《妻子的浪漫旅行》、腾讯视频的《心动的信号》和《令人心动的offer》等。观察类网络综艺节目涉及明星夫妻的婚姻关系观察、素人的社交恋爱观察、素人初入职场观察等。这些观察类网络综艺节目所反映的问题都是当下年轻人所经历和关注的问题，往往给人以感同身受或身临其境的感觉，引发共情和共鸣，因而广受关注和好评。

芒果TV在2018年推出的《妻子的浪漫旅行》，至今已播出五季，邀请的嘉宾有张杰谢娜夫妇、陈小春应采儿夫妇、汪峰章子怡夫妇等明星夫妻。《妻子的浪漫旅行》围绕4位男嘉宾的妻子展开，4位女士共同度过一段旅行，而她们的丈夫则在演播室同步观察妻子们的旅行，通过隔空交流来彼此理解、治愈。导演李甜评价该节目时指出，对于未婚受众来讲，这档节目为他们增加了一个观察的角度，通过观察不同婚龄的夫妻不同的婚姻状态，不仅可以为恐惧婚姻的人缓解紧张，而且能够打破认为婚姻绝对理想化的人的幻想……希望已婚的受众可以从节目中找到自己生活的影子，或者从中学习到更为有效的夫妻相处之道。

腾讯视频在2019年推出的律政职场观察类网络综艺节目《令人心动的offer》，至今已播出两季。面对当下的社会压力，“我太难了”成为当代年轻人的口头禅，而《令人心动的offer》就是抓住当下的社会热点，以职场观察为核心定位。在《令人心动的offer》中，8名实习生在上海的一家律师事务实习，最终只能有2人转正；而6位嘉宾组成“offer加油团”，通过观察实习生的表现，从而决定最后的胜出者。澎湃新闻评论中说，该节目所展现的情景更符合当下职场状态。

四、网络体育综艺节目

网络体育综艺节目，是指通过网络播出平台制作并播出的，将体育竞技与网络综艺形态相结合的一种节目形态。如优酷网制作的《战斗吧！篮球》《这！就是灌篮》《这！就是街舞》，爱奇艺制作的《热血街舞团》，腾讯视频制作的《超新星运动会》《我要打篮球》《篮板青春》《极限青春》等。

2018年由优酷网制作的《这！就是灌篮》，至今已播出四季。该节目是围绕篮球运动展开的原创网络体育综艺节目，聚焦篮球运动，集结不同年龄、不同职业的篮球爱好者，为球迷奉献出极具观赏性的篮球运动。中国网评论认为，《这！就是灌篮》为年轻观众传递了积极进取的青春励志正能量。凤凰娱乐评论认为，“拼到底，玩得起”的篮球精神让网友们感受到满满的正能量。

五、网络音乐节目

网络音乐节目，是指由视频网站或制作公司制作，以音乐为主题，融合音乐表演且具有综艺节目多种艺术表现形式，在网络视频平台播出的具有网络特征的综艺节目。网络音乐节目在整个网络综艺节目中占有相当大的比重，且与其他类型网络综艺节目具有交叉性。

早在2011年，爱奇艺就推出了《音乐不要停》全新体验式音乐节目；2012年，土豆网推出的《土豆最音乐》，其定位为互联网上最好玩、最实用的音乐节目，集结全球最具权威的各大音乐榜单，融入新鲜的音乐话题，备受年轻受众的推崇。2016年，由爱奇艺与尚众传媒联合出品，光启传媒制作的国内首档方言音乐综艺节目《十三亿分贝》开播，“魔性十足”的地方方言成为该节目的一大卖点。爱奇艺的《偶滴歌神啊》更是以悬疑推理的游戏方式，将音乐节目以更加另类的方式呈现出来，为网络受众所津津乐道。2019年，优酷网推出原创音乐养成类节目《这！就是原创》，爱奇艺的原创音乐综艺节目《乐队的夏天》更是成为网络视频平台自制音乐综艺节目的高峰。

第三节 网络综艺节目的特点

网络综艺节目自2007年算起，迄今已走过15个春秋，从蹒跚起步，到迅速成长壮大，再到井喷式增长，直至今天国内网络综艺节目逐渐发展平稳且成熟。从一无所有到“超级网综”，正是由于互联网技术的不断发展，网络受众的增加和需求的不断变革，国内网络综艺的四大头部平台爱奇艺、腾讯视频、优酷网和芒果TV对节目不断创新，不断适应受众求新求变的需求，网络综艺节目更加多元，节目制作内容更加精良，国内网络综艺产业发展更趋理性和成熟。头部平台的一些热门网络综艺节目制作，从第一季、第二季到“综N代”的模式，使得知名网络综艺节目逐渐品牌化和IP（知识产权）化，成为当下网络综艺市场的收视热点。而网络综艺节目呈现的传播特点，也备受各方关注。

一、网络综艺节目类型更加多元化

网络综艺节目经过十几年的深耕发展，从数量上来说，实现了从少到多的变化，节目类型也更加多元化。尤其是被称为“网络综艺元年”的2014年，共计播出了47档网络自制综艺节目，随后几年几乎都是处于数量暴增状态，2015年有96档，而2018年就达到了385档，数量增长的背后，网络综艺节目类型也开始了多元化发展。例如，2014年由马东担任CEO（首席执行员）的米未传媒制作、爱奇艺出品的脱口秀节目《奇葩说》大火，至今已播出七季。还有腾讯视频的《脱口秀大会》、优酷网的《安竹茶餐厅》等都是网络脱口秀节目的代表。网络真人秀节目为受众所熟悉的有芒果TV制作的《明星大侦探》，还有上海东方娱乐传媒集团有限公司为腾讯视频制作的《放开我北鼻》也备受欢迎。观察类网络综艺节目如芒果TV的《妻子的浪漫旅行》、腾讯视频的《心动的信号》和《令人心动的offer》等，均广受好评。网络体育综艺节目，如优酷网制作的《这！就是灌篮》《这！就是街舞》等“这就是”系列节目，爱奇艺制作的《热血街舞团》，腾讯视频制作的《超新星运动会》《我要打篮球》《篮板青春》等，备受年轻受众的喜爱。网络综艺节目其实还有更多的细分类型，如文化科技类、互动娱乐类、婚恋交友类、生活服务类、音乐舞蹈类、旅游美食类等。

2014年爱奇艺出品的《奇葩说》的成功，成为网络综艺节目火爆的起点，带动脱口秀综艺节目的异军突起，同时成为网络综艺节目发展的标杆。《奇葩说》自2014年11月底上线后，总点击量破亿次，微博话题阅读量更是突破10亿次大关。网络脱口秀节目最大的特点就是娱乐性、互动性强，而节目的话题更是迎合当下年轻人关注的热点，符合年轻受众群体的口味，引起年轻人的情感共鸣。后起的网络脱口秀节目《吐槽大会》《脱口秀大会》等都取得了不俗的成绩。

真人秀节目是较早传入我国的节目形态，经过多年电视真人秀的发展，节目形态比较成熟。真人秀节目强调的是现场性，整个节目的无剧本特点更增加了节目的可看性。网络真人秀节目更是大受欢迎。例如国内比较火的网络真人秀节目《明星大侦探》就是由芒果TV推出的明星推理真人秀节目。《明星大侦探》引领着“青年文化”，节目弘扬青春正能量，影响着年轻一代，更是在“真善美”中传递民族责任感和爱国情怀。

自2012年电视纪录片《舌尖上的中国》火爆出圈后，美食类节目便在网络综艺节目中备受瞩目，如腾讯视频播出的《拜托了冰箱》在众多网络综艺节目中脱颖而出。美食类网络综艺节目逐渐为观众所喜爱，更是当下网络综艺节目不断创新、走向多样化的表现。《拜托了冰箱》作为一档美食类网络综艺节目，是腾讯视频引进的韩国JTBC（中央东洋放送株式会社）电视台同名节目，自2015年12月播出第一季，至今已播出七季。节目由何炅和王嘉尔主持，厨师团队则由胡莎莎、刘凯乐、姚伟涛、田树等组成，每期有2位明星带着自己的冰箱一起来到节目现场，通过揭秘冰箱进而与性格各异的主厨畅聊美食和生活。美食类网络综艺节目《拜托了冰箱》的爆红，也进一步凸显出创作者对网络综艺节目的不断创新、不断尝试，拓展了网络综艺节目的多元化类型。由爱奇艺出品、果时传媒制作的美食类网络综艺节目《吃光全宇宙》，将户外旅行探索与美食相结合，但旅行和美食并不是节目的真正目的，而是代表了对生活的一种态度和方式。

多元化的网络综艺节目，不但是各大平台的发展追求，更是适应当下互联网技术的发展、年轻受众多元化需求的结果。网络综艺节目唯有不断创新求变，才能在市场竞争中使自己立于不败之地。

二、网络综艺节目的互动化传播特点

传统电视由于其单一线性传播的特点，观众只能被动地接受节目，基本没有选择性，更无互动性。互联网与传统媒体相比，最大的特点也是其优势，就是互动性强。因此，网络综艺节目先天的基因就带有互动性强的传播特点，受众更是不再受节目的播出时间和播出方式的限制，能够灵活且自由地选择自己喜欢的播出平台、播出节目。互联网双向互动性传播的特质，在现实节目中被应用到最大化，从而为互联网用户提供了全新的传播体验和表达路径。

正如2007年搜狐视频推出的被誉为“中国互联网第一档也是影响力最大的脱口秀节目”《大鹏嘚吧嘚》，从节目的最初制作开始，其团队就特别重视与网络受众的互动性，吸取网络受众的意见和建议，制作团队更是利用当年的通信媒介如博客、飞信等与网友互动。《大鹏嘚吧嘚》的制作团队注重网友的留言，且一一回复，并接受网友提出的合理化建议，不断完善节目。而作为受众的网友来说，不仅仅是拥有能够与节目互动的新鲜感，更重要的是受众感觉自己的意见被尊重，并且自己真正地参与到节目中，产生强烈的参与节目的快感。也正因为互动性，节目具有强大的受众黏性，为受众所追捧。

随着互联网技术的发展，网络综艺节目与受众之间的互动性更强。在当下的网络综艺节目中，如《乐队的夏天》，互动性成为节目的一大亮点。在观看节目的过程中，受众不但可以通过即时评论和点赞与节目同步互动，更能通过与节目互动的方式决定乐队的去留命运。节目以受众投票的方式来决定乐队是胜出还是淘汰，这样的互动性使受众的参与感获得了最大限度的满足，更增加了节目的收视看点。

伴随着互联网技术的飞跃发展，互动性强的媒介层出不穷，在同步观看网络综艺节目的同时，网友可以通过弹幕、评论和点赞等方式与节目互动，也可即时与同步观看的其他网友互动，还可以在节目的新浪微博官方账号、微信公众号、抖音短视频账号等社交媒体上进行互动。AcFun弹幕视频网（简称A站）和Bilibili（哔哩哔哩，简称B站）是国内两大弹幕视频网站，也是在国内将弹幕文化加以传播的平台。通过弹幕，受众突破时空的局限，与节目进行互动，从而加强了受众与节目的亲密性。爱奇艺的《奇葩说》被认为是通过弹幕进行互动的网络综艺节目鼻祖，自2014年第一季开播，爱奇艺平台就提供弹幕与网友进行互动，这一新颖的互动方式深受网友喜爱，也是《奇葩说》成为最受受众喜爱的网络综艺节目之一的部分原因。从另一个角度来说，弹幕信息是受众对节目进行二次甚至多次解读的渠道之一，网络受众可以通过弹幕扩大甚至加深对节目的了解，强化对节目立意的理解和认识，这也成为网络综艺节目互动性传播的亮点之一。

新浪微博账号也是当下网络受众与网络综艺节目互动的途径之一。网络受众通过关注喜爱的网络综艺节目的新浪微博官方账号，不但能够提前看到节目预告，更能看到节目制作时的幕后花絮。当网络受众对节目进行评论后，节目的官方微博账号还能以对评论"翻牌"的方式与受众互动。网络受众还加入喜爱的网络综艺节目的超级话题社区，参与相关话题的实时讨论。芒果TV推出的《明星大侦探》更是在节目中为其成员申请了新浪微博官方账号，对节目的进展状态加以更新，且通过网友的留言，对其"翻牌"进行互动。可以说，网络综艺节目与当下互联网媒介合作的深入与多样化，使互动性得到强化，受众黏性得以提高，在网络受众获得满足感的同时，节目点击率也节节攀高。

三、网络综艺节目的分众化传播特点

据中国互联网络信息中心在2021年2月3日发布的第47次《中国互联网络发展状况统计报告》显示，截至2020年12月，我国网民规模达9.89亿人，较2020年3月增长8540万人，互联网普及率达70.4%。而我国网络视频用户规模达9.27亿人，较2020年3月增长7633万人，占网民整体的93.7%。其中短视频用户规模为8.73亿人，较2020年3月增长1.00亿人，占网民整体的88.3%。国内四大头部平台更是在网络综艺节目上发力，2014年网络综艺节目共计47档，其中最引人注目的是爱奇艺的《奇葩说》，2014年也被称为"网络综艺元年”；2015年网络综艺节目数量增长至96档；自2016年起，国内主流平台制作的网络综艺节目数量呈井喷状增长，2017年各大视频平台共制作115档网络综艺节目，2018年有385档网络综艺节目，2019年网络综艺节目上线221档，2020年上线了193档。而在国家广播电视总局政策的指引下，我国网络综艺节目朝着更加稳健的方向发展。头部平台中的爱奇艺制作的《乐队的夏天》，优酷网推出的“这就是”系列综艺节目，更成为近几年的现象级网络综艺节目，为网络受众所追捧。网络综艺节目的类型更加丰富多样，涉及不同的领域，如真人秀类、脱口秀类、体育竞技类、观察类、旅游类、亲子类、音乐类等。国内头部网络平台所制作的网络综艺节目，其内容也朝着细分化、垂直化方向发展，涵盖范围更加广泛，满足更多群体和圈层的受众需求。

网络综艺节目的发展从大众传播进一步走向分众化传播，这是媒体和社会发展的进步。网络综艺节目中近年来出现了多种多样的小众文化类节目，进一步丰富了当下综艺节目的文化样式，从多方面满足了从大众文化到小众文化的需求。比如2018年2月，优酷网推出的街舞选拔类真人秀《这！就是街舞》让街舞这种小众文化进入大众视野。《这！就是街舞》用阳光向上的街舞文化，激发青年人的正能量。这档节目以小众文化的街舞元素作为主体，通过网络综艺节目的形式取得成功。《这！就是灌篮》《热血街舞团》播出后，也备受粉丝受众的关注。小众网络综艺节目获得了市场的认可，进而促使网络综艺节目朝着分众化传播的方向发展更加明显。分析其中原因不难发现，因为当下网络综艺节目的受众以年轻人为主，从而与视频网站的主流用户之间具有极高的契合度，使得网络平台在制作节目的时候会更加倾向于选取年轻人喜欢的元素和他们的关注热点。视频平台的节目会根据不同圈层，进行节目的垂直细分。网络综艺节目细分后，能够更好地吸引不同圈层的受众，使他们产生身份认同感，保持对节目的黏性，使得细分后的网络综艺节目更具吸引力。

当然，网络综艺节目细分后的小众节目也存在一定的问题。小众文化所属的圈层带有自身先天的局限性，网络综艺节目在朝着圈层垂直细分化、分众化传播的同时，还需要相关部门加强理性引导。

四、网络综艺节目的去中心化传播特点

去中心化是在互联网发展过程中形成的，是相对于“中心化”而言的新型网络内容生产过程。简言之，在互联网体系中不存在中心，每一个参与者都是独立个体，也不存在领导关系，更不会有相互依赖的关系存在，由权级平等的全体共同参与，任何人都可以表达自己的观点。互联网的兼容性、共享性以及开放性的特点，使其最容易形成去中心化的互联网格局。而当下互联网的迭代升级，更是将去中心化这一传播模式放大化，使得当前的网络媒介呈现去中心化、多元共生的特点。尤其当下网络综艺节目进入分众化、垂直细分的发展时代，互联网视频平台更是走上了一条基于传播内容的去中心化、小众化的网络综艺节目发展之路。

比如优酷网推出“这就是”系列网络综艺节目，包括传播街舞文化的《这！就是街舞》、篮球竞技题材的《这！就是灌篮》以及机器人竞技题材的《这！就是铁甲》；爱奇艺推出的乐队表演节目《乐队的夏天》等，都获得了网络粉丝受众的高度认可，取得了成功。当下网络综艺节目细分化、垂直化的多元发展，以受众需求作为节目制作的核心选择，以去中心化的传播特点，实现了小众节目大众传播的喜人局面，为小众网络综艺节目真正走入大众化传播视野起到了推波助澜的作用。正是基于小众文化在网络综艺节目中的去中心化传播，才使得网络受众在节目选择上有了更多可能性。

五、网络综艺节目的碎片化传播特点

基于互联网的传播特性以及社会生活节奏的加快，出现了碎片化阅读、碎片化观看以及碎片化学习等现象，碎片化已成为这个时代的特征和发展趋势，我们也逐渐适应了这个特征。网络综艺节目的发展为了适应社会和受众的碎片化需求，更为了提升网络受众对节目的黏性，网络综艺节目传播模式开始采用碎片化方式，最大限度地满足用户需求。网络受众在各大视频网站

选择自己喜爱的综艺节目的时候，可以直接观看完整版内容；同时，视频平台基于网络大数据算法，搜集用户的喜好以及对节目的关注度，将网络综艺节目制作成短视频，最大化满足当下网络用户受众的碎片化需求。

爱奇艺在2019年推出的小众音乐节目《乐队的夏天》，就将每期节目分为完整版、纯享版以及加长版三种类型，满足了不同受众的需求。同时，节目制作方米未传媒更是制作了《乐队我做东》和《乐队路透社》，作为《乐队的夏天》的衍生节目，播放正片中未播出的幕后花絮。通过《乐队我做东》和《乐队路透社》带给网络受众的幕后内容，满足了这些用户的好奇心，提升了节目的用户黏性，丰富了《乐队的夏天》所传播价值理念的厚度，有利于将小众乐队和中国摇滚乐在国内加以推广。《乐队的夏天》纯享版则是将不同乐队的歌曲剪辑成3分钟到7分钟不等的片段，只要网络受众在爱奇艺搜索相关乐队或歌曲的关键词，就可以搜索到自己喜欢的乐队及歌曲，可见网络视频平台真实地将碎片化传播运用到了极致。配合视频网站的节目播放，制作团队更是通过微博、微信等社交媒体，将节目中的短视频进行碎片化传播再加工，形成多平台联动传播，进一步扩大了网络综艺节目的传播力度，同时满足了当下碎片化时代受众的多元需求，可谓两全其美。

第二章　网络综艺节目发展史

融合了互联网基因、继承了电视综艺节目的新型节目形态——网络综艺节目，自诞生起就以其高度的审美娱乐性和互动参与性、广泛的社会话题性、碎片化传播性以及去中心化等特性极受网友关注。自2007年搜狐视频推出网络综艺娱乐脱口秀节目《大鹏嘚吧嘚》播出，被看作国内网络综艺节目的滥觞，至今已走过15个年头。中国网络综艺节目从无到有，到现在的“超级网络综艺时代”，网络综艺节目从低成本制作到精品大制作，从一年几档节目、几十档节目再到今天的几百档节目，可以说网络综艺节目已经从“草根”制作，发展到今天的精品制作，紧扣时代热点，聚焦社会热门话题，传递人文关怀，引领时代价值；同时，网络综艺节目拓宽了IP价值，打造衍生节目，构架网络节目内容矩阵，进行产业化运营，从而助推了文化产业的发展。当今的网络综艺节目不仅仅是为互联网受众提供娱乐休闲功能，更承载了社会价值，具有强大的社会影响力。笔者通过梳理15年来网络综艺节目发展的历程，将其划分为五个阶段，分别是萌芽期、成长期、爆发期、平稳发展期和新生态发展期。

第一节　网络综艺节目萌芽期（2007—2013年）

要谈国内网络综艺节目的初创萌芽阶段发展，我们就不得不提及我国电视综艺节目的发展历史。中国电视综艺节目自20世纪90年代中央电视台的

《综艺大观》《正大综艺》起步后，经历了20多年的发展，2000年后中国电视综艺选秀热潮席卷全国，尤其是湖南卫视的“超级女声”系列选秀综艺在电视荧屏上大放异彩。2007年由搜狐视频推出的网络综艺脱口秀节目《大鹏嘚吧嘚》上线，成为国内网络综艺节目的鼻祖。

搜狐视频推出的《大鹏嘚吧嘚》投资其实并不多，每集时长30分钟，每周四更新，前后共制作了600期。主持人大鹏针对娱乐圈热点事件，进行“麻辣”点评及深度剖析，同时也有尖锐批评和另类解读。《大鹏嘚吧嘚》以其不浮夸、不做作的态度点评娱乐事件，符合当下碎片化传播和追求简单舒适生活的年轻人的喜好。因此，这样一档贴近用户需求、符合社会潮流发展的节目一经推出，就引起了极大反响。

在此之后的几年时间，搜狐视频、腾讯视频、优酷网、爱奇艺、凤凰视频等视频网站纷纷进军网络综艺节目领域，制作了如《搜狐NEWFACE》等节目；2011年爱奇艺启动“爱奇艺出品”战略，吸引知名主持人的加盟。同年，凤凰视频、优酷网也分别举办了“铸剑——凤凰卫视原厂节目发布会”和“优酷出品2011战略升级发布会”，纷纷打造网络视频节目精品矩阵。爱奇艺更是以“网络综艺大本营”为名，推出娱乐盘点节目《娱乐猛回头》、音乐类节目《音乐不要停》、婚恋类节目《爱够了没》、访谈类节目《头号人物》等。优酷网把2008年的节目《优酷牛人》改造成真人秀娱乐节目《让梦想飞 中国最牛人》。土豆网推出了《土豆最音乐》《明星斗地主》《今晚淘汰谁》等网络综艺节目。

初创萌芽期的网络综艺节目并不是无来由地发展起来的，实际上是由各种因素才促成了网络综艺节目的发展，具体表现在以下几个方面。

第一，这是视频网站面对版权压力时做出的自救选择。

第二，国家广播电影电视总局的“限娱令”，给视频网站自制节目的发展创造了新契机。2011年，国家广播电影电视总局下发了《关于进一步加强电视上星综合频道节目管理的意见》，要求全国34个电视上星综合频道要提高新闻类节目播出量，同时对部分类型节目播出实施调控，以防止过度娱乐化和低俗化倾向，满足广大观众多样化、多层次、高品位的收视需求。可以说，这一对传统电视媒体的“限娱令”却给视频网站发展提供了契机。各大视频网站抓住时机，在网络综艺节目上不断创新，视频网站的竞争风起云涌。

第三，中国进入4G时代给视频网站带来发展利好。2013年12月4日，工信部正式向三大运营商中国移动、中国电信和中国联通发布了4G牌照，即无线通信与国际互联网等多媒体通信结合的第4代移动通信技术（4G）的经营许可权。而4G技术的广泛应用，恰恰解决了视频网站流量的问题。4G高速网络时代的来临，加快了图文向影像迈进的步伐，为用户上网看视频带来高速且流畅的体验，网络视频App（应用程序）也必将成为移动端最核心的应用。

第四，视频网站的广告营销和资本驱动成就了其竞争格局。各大视频网站的自制节目，为其广告植入以及品牌植入带来更加广阔的营销空间。优酷网的自制网络剧就吸引了康师傅和三星电子的广告投放。2012年，优酷网和土豆网两大视频网站宣布组成新的视频网站——优酷土豆网；2013年，爱奇艺与PPS宣布合并，同年苏宁投资PPTV。资本的入驻，重新定位了国内视频网站的格局，视频行业多足鼎立的局面逐渐形成。

当然，初创萌芽期的国内网络综艺节目也存在不少问题。如制作成本低，粗制滥造，有卖弄低俗的倾向；许多节目为吸引受众眼球，以搞笑、大尺度为宗旨，网络综艺节目的数量和质量有待发展和提高，与电视综艺相比差距明显。据爱奇艺公布的数据显示，2010年至2013年各视频网站共推出了24档自制综艺节目，主要以真人秀、访谈类、脱口秀类节目为主，主要节目类型更像是传统电视综艺节目的翻版，缺乏创新。但总体来说，网络综艺节目自2007年诞生到2013年，历经6年的发展，进行了多种积极探索和有益尝试，为其之后的发展奠定了坚实的基础。

第二节　网络综艺节目成长期（2014—2015年）

2014年是网络综艺节目发展历程中具有标志性意义的时间节点。正是在这一年，由爱奇艺出品、由米未传媒CEO马东主持的中国首档网络说话达人秀节目《奇葩说》诞生，仅第一季的播放量就高达2.6亿次，成为现象级网络综艺节目。自此，一大批由国内各大视频网站制作的网络综艺节目迅速崛起（如表2-1所示），因此2014年也被称为中国“网络综艺元年”。据统计，2014年国内主要网络平台上线自制综艺节目数量达47档，其中爱奇艺就上线21档，2015年有近100档网络综艺节目上线，其中TOP20播放量如表2-2所示。

表2-1　2014年国内四大网络平台自制综艺节目统计

网络平台	自制综艺节目
爱奇艺	《奇葩说》、《汉字英雄》第二季、《青春那些事儿》
优酷土豆网	《优酷牛人精选》《里约大冒险》《土豆周末秀》《土豆最音乐》《土豆最娱乐》《新城时尚》《知之为知之》
腾讯视频	《夜夜谈》《天天看》《大牌驾到》
搜狐视频	《隐秘而伟大》《大鹏嘚吧嘚》《搜狐娱乐播报》《唱游世界杯》《自由者联盟》

数据来源：网易新闻。

表2-2　2015年全平台自制综艺节目播放量TOP20

自制综艺节目	网络平台	播放量（单位：亿次）
《我们15个》	腾讯视频	8.75
《我去上学啦》	爱奇艺	6.97
《奇葩说》（第二季）	爱奇艺	6.63
《尖叫吧路人》	腾讯视频	5.99
《偶滴歌神啊》	爱奇艺	5.4
《带你去见TA》	腾讯视频	5.19
《你正常吗》第二季	腾讯视频	5.01
《燃烧吧少年》	腾讯视频	3.7
《爱上超模》	爱奇艺	3.4
《爱奇艺爱电影》	爱奇艺	3.36
《十周嫁出去》	乐视网	2.54

续表

自制综艺节目	网络平台	播放量（单位：亿次）
《魅力野兽》	腾讯视频	2.54
《流行之王》	爱奇艺	2.44
《星月私房话》	乐视网	1.8
《室友一起宅》	优酷土豆网	1.5
《爱上超模》第二季	爱奇艺	1.46
《大鹏嘚吧嘚》	搜狐视频	1.25
《大牌对王牌》	爱奇艺	1.21
《看理想》	优酷土豆网	1.2

数据来源：网易新闻。

2014年和2015年网络综艺节目呈现出蓬勃向上的发展态势，各平台纷纷斥巨资和人力物力，投入网络自制节目中。其中优酷土豆网2014年投入超3亿元到自制和合作节目中，2015年更是投入6亿元；搜狐视频在2014年的投入也已超过2013年的2倍；爱奇艺更是成立了马东等知名媒体人的工作室，加大自制节目的力度，而且各大平台的节目呈现出制作越发考究、精良的趋势，甚至可以与电视综艺节目相媲美。高投入也带来了高回报，腾讯视频的调查类真人秀《你正常吗》，8期节目播放量高达2亿次；搜狐视频的明星真人秀节目《隐秘而伟大》开播不久，播放量就超过1亿次。这一时期的网络综艺节目发展有以下几个特点。

第一，“台网互动”成为现实，网络平台与传统电视联合制作节目，同步播出。国内首档大型网台联动节目《汉字英雄》，就是由爱奇艺与河南卫视共同打造，并且在网络平台和电视台同步播出的。该节目也被认为是“台网互动”的成功案例。这种节目模式是由传统电视媒体与视频网站联动，探索不同版权模式，共同制作、播出和营销，形成紧密而深度合作的态势。如爱奇艺与中央电视台综艺频道联合推出的《大魔术师》，以及搜狐视频与湖南卫视联合打造的综艺节目《向上吧！少年》，都取得了不错的效果。

第二，视频网站进军电影业，打造新的产业链条。2014年7月，爱奇艺成立影业公司，并着手与国内外知名电影公司联手，打造全新影视产业链条。同年，优酷土豆网也宣布成立“合一影业”，并且推出《后会无期》《黄金时代》等电影。阿里巴巴集团更是斥资50亿元人民币，收购了香港上市公司文化中国的六成股权，并更名为阿里巴巴影业集团。视频网站与影视公司合作，利用其跨界后形成的强大社会影响力，提升视频网站的品牌形象，为网络自制节目的发展另辟蹊径。

第三，以“互联网思维”和大数据指导节目制作成为趋势。各大网络平台通过大数据分析网络受众的喜好，及时调整节目制作策略，以满足其需求。爱奇艺依托百度和爱奇艺两大平台数据分析，发现“科幻”“魔术”是搜索热词，于是与中央电视台综艺频道联合制作了竞技真人秀节目《大魔术师》。该节目第一期的收视率就高达1.07%，爱奇艺点击率达2262万次，可见其受欢迎程度。而腾讯视频利用大数据对《大牌驾到》进行分析，进而升级改进了节目，其播出效果也比原来更好。以互联网思维和大数据指导节目制作，能更好地满足受众需求，也更有利于节目和平台的良性发展。

在网络综艺节目成长期，国内主要网络平台自制或联合自制的综艺节目迎来新的发展，其背后也有各种动因。

第一，继2011年国家广播电影电视总局下发《关于进一步加强电视上星综合频道节目管理的意见》后，2015年7月，国家新闻出版广电总局又发布了《关于加强真人秀节目管理的通知》，指出大多数电视真人秀节目受到社会好评，但也有部分真人秀缺乏社会价值引领，有的甚至传播错误价值观或流于低俗，引起社会舆论批评，因此有必要对真人秀节目加以引导，坚决抵制过度娱乐化和低俗化节目。这些政策的实施，对于此时的网络平台来说，是其发展自制节目的大好时机，占领传统电视媒体遗漏的领域，加之前期网络平台在自制综艺节目方面的摸索，无异于为其发展插上了腾飞的翅膀。

第二，电视综艺发展受到政策影响的同时，传统电视综艺节目同质化发展的问题更为突出。有数据显示，2015年，全国上星频道综艺节目超过200档，而相当一部分节目是从国外引进版权，制作费更是高得令人咂舌。此时的网络平台自制内容正如火如荼地发展着，吸引了越来越多的制作公司投资，甚至与视频网站合作，从而激活了视频网站的发展。

总之，成长期的网络综艺节目，在时代赐予的时机下，大踏步地向前迈进，走向下一个发展阶段。这一时期的网络平台开拓创新，高歌猛进，为行业发展带来了新气象。

第三节　网络综艺节目爆发期（2016年）

据《2016腾讯娱乐白皮书》显示，2016年国内各视频网站平台持续发力，自制网络综艺节目111档（衍生类综艺节目不在统计范围之内），比2015年的96档自制综艺节目增加了15.6%，其中语言类节目增幅超四成（如表2-3所示）。

图2-3　2015年、2016年网络综艺节目类型数量对比

类型	2015年	2016年
户外	20档	13档
音乐	5档	6档
婚恋	3档	2档
亲子	2档	3档
语言	34档	49档
其他	32档	38档
合计	96档	111档

数据来源：《2016腾讯娱乐白皮书》。

同样，优质网络综艺节目播放量的门槛在2016年被抬高到了6亿次，是2015年的2倍。视频网站之间的竞争处于胶着状态，芒果TV的发展势头迅猛（如表2-4所示）。

表2-4　2016年网络自制综艺节目播放量TOP10

排名	节目名称	播放量	播出平台
1	《爸爸去哪儿》第四季	20.61亿次	芒果TV、优酷网
2	《火星情报局》	10.47亿次	优酷网
3	《明星大侦探》	8.90亿次	芒果TV
4	《暴走法条君》	8.04亿次	优酷网
5	《约吧！大明星》	7.94亿次	腾讯视频
6	《黄金单身汉》	7.64亿次	芒果TV
7	《偶滴歌神啊》第三季	7.07亿次	爱奇艺
8	《作战吧偶像》	6.81亿次	腾讯视频
9	《妈妈是超人》	6.72亿次	芒果TV
10	《拜托了冰箱》第二季	6.30亿次	腾讯视频

数据来源：《2016腾讯娱乐白皮书》。

而据国家新闻出版广电总局网络视听节目备案，统计时间为2016年1月1日至2016年11月30日，共有618档、6637期网络综艺节目获得备案。2016年网络自制综艺节目TOP20的播放总量已经近150亿次，超过2015年的73亿次，翻了一番；2016年网络自制综艺节目TOP10的播放总量超过95亿次，比2015年的60亿次播放量提升很多。可以说，2016年网络综艺节目进入爆发期，迎来了新的发展时代，网络综艺节目驶入了“快车道”，出现了新的发展变化。

首先，网络综艺节目朝着小众化方向发展，目标受众更加细分。优酷网推出的《圆桌派》就是一档“小而美”的节目。主持人窦文涛与各界大咖围在圆桌周围，谈天说地，在闲聊中对社会话题进行多维思考和解读；乐视网的亲子类网络综艺节目《崔神驾到》，针对新手父母，邀请儿科专家崔玉涛传授育儿知识，开播两日后话题阅读量就突破1亿次，可见小众节目的受欢迎程度以及未来的发展前景。

其次，网络综艺付费模式出现。据艺恩发布的《2016中国专业网生内容（PGC）用户白皮书》显示，有付费经历的网络视频用户中，大约七成视频网站付费用户曾为爱奇艺会员，优酷网和腾讯视频付费用户占比分别为46.4%和31.6%。会员对视频平台忠实度较低，多数用户选择按月付费，按月付费模式仍有一定的溢价空间。2016年9月，爱奇艺推出首档付费网络综艺节目《坑王驾到》。芒果TV推出会员可以提前一周观看未剪辑版的《妈妈是超人》。2016年，爱奇艺和腾讯视频的会员都突破了2000万人，优酷网的会员突破3000万人。付费成为平台新的经济增长点，也增加了用户的黏性。

最后，2016年"直播+综艺"成为业界关注的新焦点，数量井喷且节目类型多样，为网络综艺节目的发展注入新活力（如表2-5所示）。由米未传媒制作的首档"直播+综艺"节目《饭局的诱惑》，腾讯视频携手斗鱼直播平台同步播出。同时，电视台知名主持人加入网络综艺节目成为普遍现象。如何灵主持《拜托了冰箱》，谢娜主持《暴走法条君》，李维嘉主持《不一样的偶像》，汪涵主持《火星情报局》，孟非主持《了不起的孩子》，马东主持《拜拜啦肉肉》，窦文涛主持《圆桌派》，等等。

表2-5　2016年直播类网络综艺节目及其点播量

节目名称	播出平台	点播量
《2016超级女声》	芒果TV	5.64亿次
《Hello！女神》	腾讯视频	5.32亿次
《完美假期》第二季	芒果TV	4.35亿次
《饭局的诱惑》前10期	腾讯视频	4.28亿次
《十三亿分贝》	爱奇艺	3.31亿次
《小哥喂喂喂》	优酷网	2.90亿次
《看你往哪跑》前2期	腾讯视频	1.69亿次
《晚安 朋友圈》前60期	爱奇艺	1.18亿次
《拜托了！粉丝》	腾讯视频	0.22亿次
《功夫小蝇》	芒果TV	0.21亿次
《X玖少年频道》前2期	腾讯视频	0.14亿次
《百万主播》前5期	优酷网	0.12亿次
《潜行者计划之猫鼠游戏》	优酷网	0.03亿次

数据来源：《2016腾讯娱乐白皮书》。

总之，对于网络综艺节目进入快车道发展的2016年来说，不但各大视频网站制作的网络综艺节目数量惊人，其制作水准也达到甚至超越了电视综艺节目，同时资本也大量涌入网络综艺节目市场。网络综艺节目不断更迭，以用户需求为制作导向，决定了其朝着小众化、细分化发展的道路，各大视频网站都集中布局细分垂直领域。随着网络综艺节目的爆发式发展，国家新闻出版广电总局在2016年3月的“2015全国电视剧年会”上强调，要线上线下标准一致，对网络综艺节目与电视综艺节目一视同仁地进行监管，使网络综艺节目中的文化类节目得到进一步发展，如《圆桌派》《智在说》《局部》等成为网络综艺节目的一股清流，网络综艺节目整体也朝着更加健康、稳健的方向发展。

第四节　网络综艺节目平稳发展期（2017—2019年）

当时间来到2017年，网络综艺节目的发展进入了新的阶段，可以说是进入了一个平稳发展的时期。在这一阶段，网络综艺节目的数量和质量都趋于稳定，也出现了不少爆款节目，被业界形象地称为“超级网络综艺时代”。国内主要视频网站形成以爱奇艺、腾讯视频、优酷网和芒果TV“四足鼎立”的格局。国家监管层面提出“台网同一标准”政策的逐步落地，规范了网络综艺节目“野蛮生长”的状态，逐渐使其朝着良性方向发展。网络综艺节目正经历着从“娱乐话语”向“主流话语”，从“青年亚文化”向“主流文化”，从“追逐市场价值”向“社会价值与市场价值并重”的变迁与转型。国家新闻出版广电总局进一步规范了网络综艺的发展，并且制定了网络视听节目的长远发展目标，以提升网络综艺节目的品质。爱奇艺、腾讯视频、优酷网和芒果TV稳居国内网络视频头部平台地位，同时西瓜视频、B站也加入网络综艺节目制作的队伍中。

首先，国内四大网络视频平台不断对网络综艺节目进行创新，节目质量不断提高，“大制作”“现象级”网络综艺节目不断涌现，而且节目类型更加多元化。例如2017年自制网络综艺节目播放量前10位的节目主要有真人秀、脱口秀、纪实类三种题材，而真人秀在数量上占据了70%，头部平台网络综艺节目竞争激烈。

其次，网络综艺节目的微型化成为新发展趋势。近年来由于短视频的异军突起，短视频平台开始打造网络综艺节目，甚至为明星制作微综艺，制造热门话题，突出明星的魅力风格。2019年，优酷网就为周杰伦制作了国内首档旅游魔术类微综艺《周游记》；腾讯视频也推出了女性话题微综艺《女人30+》，围绕女性话题展开，每集6分钟，共12集，总播放量过亿次。微综艺本身具有传播速度快、交互性强和碎片化传播的特性，“网络综艺节目+微综艺”的模式成为网络综艺节目发展的新趋势。

最后，注重用户体验，打造新技术驱动下的网络综艺节目新格局。新技术赋能当下网络综艺节目，更是将AR（增强现实）、VR（虚拟现实）、XR（扩展现实）等技术引入网络综艺节目中。新技术驱动的网络综艺节目更具吸引力，也为网络平台自制节目提供了新的表现形式，为用户提供了更加亦真亦幻的虚实观看场景。“直播+综艺”的进一步拓展，更是让观众参与到节目中。网络综艺节目的创新发展，既给用户带来新鲜观感，更是一种独一无二的体验。

第五节　网络综艺节目新生态发展期（2020年至今）

之所以将这个时期的网络综艺节目称为“新生态发展期”，主要是因为2020年席卷全球的新冠肺炎疫情，使网络综艺节目的发展从制作、传播到市场反馈都遭遇了前所未有的挑战。在这样的大背景下，我国网络综艺节目发展的脚步并没有停止，据艺恩智库数据显示，2020年国内网络平台上线193档网络综艺节目，比2019年增加了45部。在这种非常时期的网络综艺节目发展，呈现出了新生态的变化特点，交出了一份别样的成绩单，使这一时期成为我国网络综艺节目发展史上的又一次高峰期。

首先，2020年暴发的新冠肺炎疫情，给人们的生产、生活按下了暂停键，“宅”成为这一年最核心的词语。如何在这样的特殊时期缓解公众的焦虑和恐慌情绪，成为传媒人要解决的一大难题。“云综艺”模式成为解决当时困境的最好办法。所谓“云综艺”，就是指将云技术应用于网络综艺节目制作中，以直播群聊模式为主，将处于不同空间的主持人、演员以及观众聚集在云空间，经后期剪辑加工后，以融屏传播形式呈现出来。腾讯视频的《鹅宅好时光》《咕Cloud》，爱奇艺的《宅家点歌台》《宅家运动会》《宅家猜猜猜》，优酷网的《好好吃饭》《好好运动》等都采用了云综艺的传播方式，甚至有的综艺节目还采用了“云录制”的方式。云综艺成为这一特殊时期网络综艺节目的全新传播形式，其反应迅速、时效性强等特点，使其迅速成为这一特殊时期娱乐的新方式。

其次，“直播带货+网络综艺”呼应社会发展热点。据《2020中国网络视听发展研究报告》显示，截至2020年6月，我国网络直播用户规模达5.62亿人，其中自2019年兴起的电视直播用户规模达3.09亿人，较2020年3月增加4430万人。将直播带货引入网络综艺节目，畅通线下线上带货渠道，使“网络综艺+直播带货”成为全新商业网综模式。如优酷网与淘宝直播共同制作的《奋斗吧主播》，邀请了陈法蓉、蔡少芬等25位女明星作为见习主播，经过严格考核，最终选拔出TOP4与天猫官方直播间签约。芒果TV的《希望的田野》通过电商助农直播秀，打造地域特色产品，扶农助农。

总之，新生态发展期网络综艺节目的发展更具创新性和活力，“云综艺”为探索特殊时期网络综艺节目的发展提供了新模式和新经验。“直播带货+网络综艺”的创新节目形态，既是对时代热点的呼应，也为网络综艺节目全产业链的发展提供了契机。

第三章　网络综艺节目与电视综艺节目比较

第一节　电视综艺节目发展简况

高鑫在《电视艺术学》一书中对“电视综艺节目”的定义如下：“充分调动电子的技术手段，对各种文艺样式进行二度创作，既保留原有文艺形态的艺术价值，又充分发挥电子创作的特殊艺术功能，给观众提供文化娱乐和审美享受的电视节目形态。”并在该定义中指出两点：一是并非电视上播出的综艺节目都是电视综艺节目，只有用电子手段参与创作的节目才是电视综艺节目；二是电视综艺节目是综合性艺术，是由音乐、舞蹈、曲艺、戏曲等多种艺术形式综合而成的艺术样式。电视综艺节目的类型可以划分为电视节日文艺晚会、电视音乐节目、电视舞蹈节目、电视综艺栏目等。

徐舫州、徐帆在《电视节目类型学》一书中对“电视综艺节目”的定义如下：“电视综艺节目主要是指充分调动电子的技术手段，对各种传统艺术样式进行二度创作，既保留原有艺术形态的艺术价值，又充分发挥电子创作的特殊艺术功能，给观众提供文化娱乐和审美享受的电视节目形态。它并非某种独立的文艺节目形态的演出，而是音乐、舞蹈、歌曲、曲艺、杂技、戏曲等文艺样式的综合性演出。”并对电视综艺节目进行分类，从宏观角度分为电视综艺晚会和电视综艺栏目。对于电视综艺节目概念的界定，还有其他学者的著作论述，笔者更倾向于徐舫州、徐帆的《电视节目类型学》一书给出的概念界定。

我国的电视事业起步于1958年中央电视台的前身北京电视台的创办。1978年5月1日，北京电视台正式更名为中央电视台，中国电视人迎来了电视事业的春天。中国电视综艺节目自20世纪90年代开始，至今经历了以下几个发展阶段。

首先，中国电视综艺节目的表演综艺节目阶段。1990年3月，中央电视台推出《综艺大观》栏目，4月推出《正大综艺》栏目，这两档栏目的开播，标志着中国电视综艺节目的正式起步。这一时期，中国电视综艺节目的最大特点就是邀请明星在节目中进行表演，所以这一时期的电视综艺节目就是以表演类为主，而《综艺大观》还被认为是每周末的“小春晚”。

其次，中国电视综艺节目的游戏娱乐节目阶段。这一时期是由省级电视台在20世纪90年代中期开始上星，尤其是以湖南卫视于1997年开播的《快乐大本营》为标志，开启了游戏娱乐综艺节目的发展阶段。同期还有欢乐传媒的《欢乐总动员》等节目。这一时期的中国电视综艺节目主要就是邀请明星作为嘉宾，在节目中进行游戏来娱乐大众。

再次，中国电视综艺节目的益智竞技节目阶段。这一时期的电视综艺节目以中央电视台的《幸运52》《开心辞典》为代表，节目设置高额奖金，通过层层比赛环节，选手如最终闯关成功，将赢得奖金。

最后，中国电视综艺节目的选秀综艺节目阶段。这一时期以湖南卫视2004年推出的《2004超级女声》为标志，真人秀节目横空出世，2005年的《2005超级女声》更是将其推向了鼎盛。湖南卫视通过“超级女声”系列节目将素人打造成明星，标志着中国电视综艺节目新时代的到来。直到今天，这种真人秀节目仍然在国内各大电视媒体播出，如浙江卫视的《中国好声音》，自2012年第一季开始，直到2021年已经持续了十季，依然受到观众的喜爱；又如江苏卫视的《蒙面唱将猜猜猜》等。

第二节　网络综艺节目与电视综艺节目比较分析

网络综艺节目与电视综艺节目相比较而言，最大的不同在于节目表现形式方面。网络综艺节目表现形式更加丰富和多样化，节目类型更加多元，节目内容的选择也更加自由。网络综艺节目的去电视化发展，也就是网络平台脱离传统电视平台，仅仅在互联网平台运营发展的运作模式，为综艺节目的发展开辟了更多、更新奇的发展空间。正如米未传媒CEO马东所说，“不同于传统内容生产方式，互联网上的纯网内容已经出现，它是更高阶的网络自制，意味着新的价值观、新的视频逻辑和新的应用场景”。

第一，网络综艺节目与电视综艺节目在创作理念方面存在较大差异。由于传统电视媒体是大众传播的主流媒体，代表着主流价值观，其自身具有更多宣传的社会功能，加之传统电视媒体自身的线性传播特点，因此在前期策划、选题、制作以及后期播出过程中，具有无法与观众互动的先天缺陷，其传播过程也受到更多限制。而网络综艺节目的传播是通过视频网站进行的，视频网站具有先天的互联网特性，能够与网络受众进行互动，满足网民的即时需求。网络综艺节目的娱乐性、互动性、多元化等特性，受到当下网络受众的欢迎。目前，传统电视的开机率走低，收视率下降，观众流失；与之相反，我国互联网普及率迅速提高，网民规模已达9.89亿人，网络视频用户规模更是达到9.27亿人。因此，网络综艺节目和电视综艺节目的发展两相比较，优势大小显而易见。

第二，将网络综艺节目与电视综艺节目的受众进行比较，网络综艺节目受众规模大于传统电视综艺节目。据中国互联网络信息中心（CNNIC）统计，截至2020年12月，我国网民规模为9.89亿人，互联网普及率达70.4%，其中农村网民规模为3.09亿人，农村地区互联网普及率为55.9%。我国网络视频用户规模达9.27亿人，占网民整体的93.7%，其中短视频用户规模为8.73亿人，较2020年3月增长1.00亿人，占网民整体的88.3%。互联网以年轻受众为主体，但近几年，随着网络的普及，互联网正在向中老年群体渗透。据相关统计发现，网络综艺节目受众年龄段集中在25岁到35岁的比例为52%，而电视受众这一年龄段的占比为16%。近年来，网络用户数量的快速增长，电视综艺节目对年轻人的吸引力逐渐下降，电视综艺节目受众老年化趋势越发明显。

第三，网络综艺节目在内容上与电视综艺节目相比原创性更强，也更加多元化。我国的电视综艺节目，尤其是进入21世纪后，被观众津津乐道的节目如《中国好声音》《奔跑吧兄弟》《我是歌手》《王牌对王牌》等，节目形式都并非原创，都是从国外引进版权之后，又进行本土化改造而成。而网络综艺节目与电视综艺节目相比，其原创程度更高。尤其是网络视频最早就是用户自制，然后传至视频网站进行传播，伴随着视频网站的发展壮大，网络综艺节目快速发展，原创性成为网络综艺节目作为爆款的标志，而不断创新更是网络综艺节目发展最永恒的追求。网络综艺节目因其先天的互联网基因，无论是在选题还是在内容尺度上都比电视综艺节目更灵活。网络综艺节目的类型更是多元化发展，脱口秀类、真人秀类、美食类、旅游类、观察类、竞技表演类等小众化题材大受欢迎。

第四，网络综艺节目的商业模式优于电视综艺节目。传统电视综艺节目的商业模式一般是节目冠名权、贴片广告以及节目中的标牌等，其广告收入渠道较单一，营收额与网络综艺节目相比逐渐走低。而网络综艺节目的营销模式更加多元和灵活，营收额远超电视综艺节目。在网络综艺节目中，除了与电视综艺节目相同的节目冠名权、中插广告、贴片广告之外，其广告营销更加灵活，也更加符合当下网络受众的口味。以爱奇艺的王牌综艺节目《奇葩说》为例，主持人在节目开始时就巧妙地引出节目广告品牌，使得网络受众在无意间自然地接收到了广告。相比于传统电视综艺节目中主持人硬性的口播广告，网络综艺节目的广告形式更加随和，具有气氛感。在节目进行的过程中，主持人、嘉宾、选手的赞助服装和食品都可以由主持人或嘉宾以调侃的形式融入赞助广告产品，这种花式广告的形式更符合网民新生代受众的喜好。此外，由网络综艺节目产生的周边产品，形成了强大的产业链，对节目进行多次传播营销。

第五，网络综艺节目受众参与节目的互动性远远高于电视综艺节目。网络综艺节目本身具有的灵活性、互动性特点，使得受众参与节目程度远高于电视综艺节目。加之网络技术的迭代升级，使网络综艺节目更具有网络自身传播优势，在节目传播过程中，便会受到网络受众的欢迎，提高互动性。例如网络综艺节目的二次剪辑、自制MV都加深了网络受众对节目的参与感。

电视综艺节目在制作过程中也会与观众互动，但这种互动只是限于在场的观众互动，效果并不能被场外观众感受到。而网络综艺节目更多的是在策划制作前对网络受众进行意见咨询，在制作中采纳合理化建议，以及在制作后收集网络受众对节目的反馈。在节目的整个制作过程中，通过与受众的深度互动，达到更强的节目黏度和忠诚度。

第六，网络综艺节目发展趋向低俗化，电视综艺节目发展则走向过度娱乐化。无论是网络综艺节目还是电视综艺节目，都逃脱不了节目创新的瓶颈期，这也是当下电视综艺节目和网络综艺节目都面临的需要解决的问题。然而，在发展初期，由于视频网站管理相对于传统电视媒体要宽松，网络综艺节目获得了更大的发展空间，部分网络综艺节目选择大尺度话题、揭露个人隐私等题材，趋向低俗化发展。而部分电视综艺节目为了收视率，也会放松自己应承担的社会责任意识和节目本身的文化内涵，逐渐走向过度娱乐化的错误方向。这些问题都需要监管部门加大监督力度，同时更需要网络综艺节目和电视综艺节目制作者真正承担起自身的社会责任。

第四章　网络综艺节目的兴起原因及发展现状

第一节　网络综艺节目的兴起原因

网络综艺节目自2007年搜狐视频制作的《大鹏嘚吧嘚》开始萌芽，之后经历了成长期、爆发期、平稳发展期及新生态发展期，至今已走过15年的发展历程。目前，国内视频网站业已形成爱奇艺、腾讯视频、优酷网、芒果TV“四足鼎立”的格局。网络综艺节目快速发展的背后，既有外部因素，也有内因的强大推动，更是历史发展的必然选择。

第一，国家层面出台相关政策，为网络综艺节目的发展提供了契机。自20世纪90年代开始，我国电视综艺节目经过20多年的发展，为不断满足人民日益增长的文化需求，付出了巨大努力，也不断丰富着电视荧屏。然而随着传统电视综艺节目的发展，却出现了泛娱乐化的倾向，甚至有的电视综艺节目充斥着低俗内容，影响了社会正常发展，违背了传统的主流价值观。国家广播电影电视总局在2011年10月发布了《关于进一步加强电视上星综合频道节目管理的意见》，提出对部分类型节目播出实施调控，以防止过度娱乐化和低俗化倾向，满足广大观众多样化、多层次、高品位的收视需求。2013年10月，国家新闻出版广电总局发布了《关于做好2014年电视上星综合频道节目编排和备案工作的通知》，明确提出了抵制过度娱乐，防止雷同浪费，并对大量涌现的歌唱类选拔节目等做了严格规定。2015年7月，国家新闻出版广电总局又发布了《关于加强真人秀节目管理的通知》，要求坚决抵制节目过度娱乐化和低俗化，努力转型升级，不断改进提高，丰富思想内涵，弘扬真善美，传递正能量，实现积极的教育作用和社会意义。为了确保传统电视的发展，国家新闻出版广电总局在2017年继续加强对电视综艺节目的监管。2018年国家新闻出版广电总局颁布《关于进一步规范网络视听节目传播秩序的通知》，对网络总节目进行规范。这些政策的实施，为新出现的传播形态——网络综艺节目提供了发展机遇，使其抢占了传统电视综艺节目遗漏的机会。这些政策的出台也为网络综艺节目指明了发展方向，使其朝着更加符合主流价值的健康方向成长壮大起来。

第二，版权费用的逐年增长，是促使网络平台自制节目的动因之一。优质节目是各大媒体吸引受众的利器，更是保持收视率和获得广告收入的法宝。近年来，电视真人秀节目飞速发展，但国内头部卫视如浙江卫视、江苏卫视、东方卫视等热播的综艺节目，相当一部分是引进国外节目的版权，如浙江卫视的《奔跑吧兄弟》，版权来自韩国综艺节目*Running Man*（《跑男》）；《中国梦想秀》第一、二季版权来自英国BBC频道的《就在今夜》；《中国好声音》前四季的版权都来自荷兰的*The Voice of Holland*（《荷兰之声》），等等。传统媒体在引进节目版权时，版权费用就花费不少，这些电视综艺节目被国内视频网站引进后，其费用更是要加码。例如，2013年《我是歌手》第二季网络独播权被乐视网以1亿元的价格获得；2014年《中国好声音》第三季的网络独播权被腾讯视频花费2.5亿元购得。本身电视台引进版权时的费用就不低，节目再被视频网站二次引进时，费用更是高得令人咂舌。久而久之，视频网站也很难支撑这样的版权费用。在这样的情形下，为了缓解版权压力带来的经济负担，更为了找到发展的路径，搜狐网站自制脱口秀《大鹏嘚吧嘚》开始崭露头角。当自制节目获得网络受众好评后，各大视频网站纷纷试水网络自制节目，如爱奇艺《奇葩说》成为现象级网络综艺节目，吸引资本注入视频网站。由此，国内视频网站自制综艺节目逐步走向良性发展。

第三，用户收视习惯的改变，分众化市场的逐步形成，也是网络综艺节目发展的原因之一。一方面是网民数量的迅速增长，另一方面是电视开机率的逐年下降，网络节目的碎片化、互动性、个性化传播逐渐吸引了受众，增强了其黏性。视频网站利用当下的大数据、云计算等技术，打造出符合当下不同受众喜好的网络综艺节目，音乐类节目、育儿类节目等小众节目成为当下网络受众的最爱；加之资本注入视频网站和网络广告收入，为视频网站自制节目和综艺节目提供了可观的经费来源。网络视频用户的增加，收视习惯的改变，促使网络综艺节目飞速发展。

第四，国内头部平台采取差异化、品牌化竞争，促使网络综艺节目不断创新发展。长期以来，视频网站的发展并没有其独立性，仅仅是把传统电视节目内容放在网站上播出，成为传统电视的附庸，其节目内容单一，并不具有自身的独立性和竞争力。要摆脱视频网站对于传统电视媒体的依赖，转变单一的视听传播角色，就要不断探索自身的传播优势和特点，打造视频网站自身的节目特色，增强网站受众的黏性和忠诚度，进行差异化竞争，打造属于自己的节目品牌。自2007年搜狐视频探索制作脱口秀《大鹏嘚吧嘚》开始，国内其他视频网站逐渐打开了自制节目的大门，爱奇艺的《奇葩说》、腾讯视频的《吐槽大会》、优酷网的《火星情报局》等都成为独具特色的品牌节目。传统电视媒体人也转入视频网站，为网络平台制作能力的专业化提供了强大的技术保障。另外，国内知名的老牌节目制作公司如灿星公司、唯众传媒、远景传媒等，以及新生代传媒公司如米未传媒、银河酷娱、乐禧文化等的加入，更是形成了强大的助推力。而在国内视频网站不断洗牌的过程中，目前国内四大头部平台所形成的竞争格局渐趋稳定，其他较大规模网站平台也在市场中不断创新。

第二节　网络综艺节目的发展现状

我国的网络综艺节目这一节目形态从一诞生就带有互联网基因，以其互动性强、娱乐审美性强、社会话题性广等特性，成为当下越来越多网络视听受众的心头好。从诞生到“网络综艺元年”，再到近年“超级网综”以及现象级网络综艺节目的出现，网络综艺节目的发展更加稳健和趋向成熟化。

第一，网络综艺节目呈现逐年递增趋势，且自制节目数量快速增长。据相关数据统计，我国网络综艺节目在最初的几年数量不多，但是在2014年网络综艺节目就达到了47档，2015年各大视频网站推出了近100档节目。2016年是网络综艺节目的爆发期，也被称为“井喷之年”。到了2018年，网络综艺节目达到385档，虽然2019年节目数量略低于2018年，但也出现了200多档；腾讯视频播出的68档节目中，其中45档节目为自制兼独播。爱奇艺开展“年轻化”创作，围绕“音乐力、少年风、生活趣、新国潮”系列进行差异化布局，虽然自制节目数量略少于2018年，但质量却不断提升，口碑和热度也更高。优酷网的“这就是”系列成为网络热播节目。2020年，国内各大平台更是有193部网络综艺推出，这些网络综艺节目呼应社会热点话题，传递人文关怀，优质精品较多。尤其是芒果TV的“她综艺”代表《乘风破浪的姐姐》，成为现象级综艺节目。

第二，网络综艺节目的制作更加精良、专业化。网络综艺节目经过多年的探索发展，从少到多，从制作粗糙到品质提高，现象级网络综艺节目、“超级网综”等不断涌现，尤其是2017年之后，从题材创新到文化内涵再到艺术审美性都有相当大的提升。例如爱奇艺的《奇葩说》、优酷网的《火星情报局》和“这就是”系列、芒果TV的《明星大侦探》等节目，以及网络综艺节目《见字如面》《一本好书》《爱上超模》等反向输出电视荧屏等，恰恰证明了网络综艺节目质量的提升。各大网站平台更是不断打造专业化制作节目团队，如爱奇艺就在2019年正式宣布成立3个中心和21个工作室，制作如《我是唱作人》等节目。腾讯视频成立了专门内容制作部，采用项目经理制，由专业化的节目制作团队打造网络综艺节目，如《心动的信号》《脱口秀大会》等。优酷网则采用与较为成熟的商业化制作公司合作，如与灿星文化推出的“这就是”系列节目，与银河酷娱制作的《火星情报局》，与燃烧小宇宙制作的《真相吧！花花万物》等节目为受众所熟知。芒果TV除了背后有湖南卫视这棵“大树”外，还成立了八大节目制作团队和三个独立工作室，如李甜团队的《妻子的浪漫旅行》、晏吉团队的《女儿们的恋爱》等。国内平台的精品化、高质量势头，势必推动网络综艺节目持续发展。

第三，网络综艺节目制作投资力度加大。国内较早的视频网站有乐视网、土豆网、优酷网、PPLive等，同期还有搜狐、新浪、凤凰、网易在原有门户网站基础上成立的视频频道等形式。视频网站在起步阶段，网站内充斥着盗版影视作品或网友自制短视频，收入渠道也较为单一，就是通过用户流量获得广告收益。国内版权意识增强后，对视频网站的要求更加严格，这一时期各大网站开始购买正式且合法的版权节目资源，在国家相关部门整治互联网低俗之风和打击网络侵权盗版行动之后，节目正规的版权费用水涨船高。同时，网络受众对各大视频网站的节目提出更高的要求，如节目的灯光、舞美、镜头语言及节目赛制等。一方面，各大视频网站有意识地开始发展自制节目，如搜狐视频邀请原凤凰卫视执行台长刘春加盟，制作一系列搜狐独家节目。优酷网也采取优酷出品战略，加大自制节目力度。爱奇艺2019年在自制节目上投入超过200亿元。各大视频网站实施自制节目战略，如优酷土豆网的“优酷出品”、“优酷自制综艺”及“土豆映像”三大战略，腾讯推出的“未来内容战略核心”计划，搜狐推出的“梦工厂计划”。在自制节目不断涌现的过程中，像《奇葩说》《你正常吗》《吐槽大会》《乐队的夏天》等所谓现象级综艺节目不断出现，并且各大视频平台在竞争中，逐渐形成爱奇艺、腾讯视频、优酷网和芒果TV国内四大头部平台鼎力的格局。另一方面，资本市场加大对网络综艺节目的投入，使得网络综艺节目受众规模和网络综艺节目数量持续增长。

第四，互联网技术的迭代升级，改变了受众观看习惯，网络受众数量持续增加。互联网的普及，改变了人们的收视习惯，其便捷性、互动性、碎片化等特性更符合当下年轻人的生活习惯和节奏。而当下移动互联技术的升级、5G技术的出现，更是将收视变得更加便捷和随性。据中国互联网络信息中心2021年发布的第47次《中国互联网络发展状况统计报告》显示，截至2020年12月，我国网络视频用户规模达9.27亿人，其中短视频用户规模为8.73亿人，占网民整体总数的88.3%。在视频网站优质内容的支持下，各大网站开始尝试优化商业模式，鼓励产出优质短视频内容，提升内容占比，增加用户黏性。

使用手机观看视频节目成为主要的观看方式，移动流量服务更是不断满足移动用户对网络综艺节目的需求，网络受众数量持续上升。

第五，网络综艺节目反向输出到电视台播出成为趋势。伴随着移动终端的不断普及，电视屏幕、智能手机、电脑、iPad等大屏与移动小屏幕共同构成收视屏幕矩阵。网络综艺节目在大小屏幕间联动传播，更加符合当下收视碎片化、移动化的发展趋势。而网络综艺节目无论是选题，还是制作，或者是嘉宾阵容，都日益精良，甚至很多节目已经超越了传统电视综艺节目。据相关统计显示，有73%的受众认为网络综艺节目更有意思，选择网络综艺节目多样性的受众占43%。而越来越多的网络综艺节目正在从视频网站输出到传统电视平台，从国内输出到海外，网络综艺节目的反向输出能力变得日益强大，如爱奇艺的网络综艺节目《爱上超模》就反向输出到湖北卫视播出。这些反向输出的案例，正成为网络综艺节目日益发展成熟的标志。网络综艺节目的反向输出，也将收视群体的范围进一步扩大，从而有效地将网络受众与传统电视受众进行整合，促使台网发展的融合升级。2018年10月的法国戛纳秋季电视节目上，优酷网和福克斯传媒集团签署协议，由福克斯传媒购买优酷网制作的网络综艺节目《这！就是灌篮》的版权。同时，优酷网的另一档网络综艺节目《这！就是街舞》也在东南亚地区受到热烈欢迎。国内网络综艺节目反向输出到海外，正是网络综艺节目品质升级的最好证明，也推进了我国文化软实力的传播发展。

第六，网络综艺节目的营收能力进一步扩大，商业模式不断创新。网络综艺节目的商业广告模式有新的突破，除去旧有的贴片广告、植入广告、冠名权、口播广告等形式外，在商业化营销方面不断创新，采用多元化的营销方式。例如，2018年优酷网推出的超级网络综艺节目“这就是”系列，在天猫同步推出其衍生产品，如《这！就是街舞》的街舞专用毛巾、充电宝等。同时，“这就是”系列更是在节目策划之初便将巡演与有潜力的选手进行捆绑，在打造新星的同时，深挖其商业价值。有的“超级网综”更是将节目的衍生周边产品如书籍、衣物、饰品、电影等，与游戏、音乐版权等无形文化产品一同打造为商业新渠道。在《这！就是街舞》《这！就是铁甲》《这！就是灌篮》《这！就是歌唱·对唱季》这4档“这就是”系列节目播出的过程中，优酷网与淘宝、天猫、饿了么进行联动销售，打造商业销售矩阵模式。仅《这！就是街舞》在招商初期就获得6亿元，其后的衍生产品销售更是利润可观。网络综艺节目的创新商业模式，使得网络平台、制作公司以及商业合作方能够形成多方共赢的局面。

第五章　网络综艺节目面临的问题及发展策略

网络综艺节目的发展，从2007年到现在，虽然只有短短15年的时间，然而其火爆程度可以与传统电视综艺节目相媲美。在激烈的市场竞争中，逐渐形成以爱奇艺、腾讯视频、优酷网和芒果TV为代表的国内四大头部平台，每家平台都有自己堪称王牌的节目，如爱奇艺的《奇葩说》《偶滴歌神啊》《乐队的夏天》，腾讯视频的《吐槽大会》《拜托了冰箱》，优酷网的《火星情报局》《这！就是灌篮》，芒果TV的《明星大侦探》《妻子的浪漫旅行》《舞蹈风暴》《亲爱的客栈》《中餐厅》等。网络综艺节目受到当下网民的喜爱，尤其是现象级网络综艺节目的出现，备受业界和学界的关注，大量投资也涌入网络综艺节目市场，扩大了网络综艺节目内容生产的商业版图，各视频网站的竞争更加激烈。不过，我们应该清醒地看到，在网络综艺节目迅猛发展的过程中，其背后也存在一系列问题。只有发现并正视网络综艺节目存在的问题，对这些问题进行分析，找出解决路径和策略，才能使网络综艺节目持续且健康地发展下去。

第一节　网络综艺节目面临的问题

第一，视频平台作为互联网新兴产业的集聚地，其制作的内容比较庞杂，节目形式各异，与传统电视相比具有无可比拟的优势，然而网络平台对于节目版权问题没能足够重视，版权意识相对薄弱，出现了网络综艺节目同质化现象，有的节目甚至从节目形式到节目内容都是源自其他节目。2015年12月，腾讯视频推出了大型明星美食类脱口秀《拜托了冰箱》，该节目是引进的韩国JTBC电视台同名节目的版权。之后腾讯视频又连续推出了七季《拜托了冰箱》，而腾讯视频的另一档节目《拜托了衣橱》几乎是《拜托了冰箱》的翻版。由腾讯视频和上海笑果文化传媒有限公司在2017年推出的喜剧脱口秀节目《吐槽大会》，共制作播出了五季，大受欢迎。之后腾讯视频又推出了《脱口秀大会》《吐丝联盟》，与《吐槽大会》相比几乎是换汤不换药。再如网络上各大视频平台制作的关于明星八卦新闻的综艺娱乐节目，内容几乎都有所雷同，如爱奇艺的《超能大星探》、腾讯视频的《有料》、优酷网的《全娱乐早扒点》等，节目内容大同小异，呈现给受众的几乎都是重复的内容。又如芒果TV的亲子类综艺节目《妈妈是超人》《超人妈妈带娃记》《妈妈去哪儿》等，几乎是一个模子刻出来的，久而久之会令观众出现审美疲劳。

第二，网络综艺节目播出数量不断增强，质量也有相当程度的提高，国内各大视频网站都斥巨资制作了各具特色的网络综艺节目，获得了较好的收视率且好评如潮，然而近年来，各视频平台在追逐收视热点的时候，同样出现了娱乐泛化的倾向，追求“娱乐至死”。网络综艺节目的“野蛮生长”暴露了其过度娱乐化带来的社会隐患，不利于年轻受众树立正确的价值观，甚至有的网络综艺节目打“擦边球”，挑战社会道德底线，为了吸引眼球，甚至人为制造冲突，引起嘉宾之间甚至粉丝之间的“互撕”，形成不良的示范效应，对当下的年轻人产生负面影响。

另外，近几年，各大网络平台推出相当数量的综艺真人秀节目，有的节目甚至展示明星嘉宾的隐私。此种节目的真正目的是满足网络受众对明星嘉宾隐私的好奇，想通过暴露隐私的内容满足网络受众的好奇心，这也造成了为娱乐而娱乐的现象。这种营造娱乐效果的节目在网络上迅速传播，更多的娱乐内容被过度传播，无形中形成一种娱乐节目的怪圈。这样的网络综艺节目挑战着主流价值观，破坏了网络空间生态，给广大网络受众尤其是青少年带来不良社会影响。

第三，网络综艺节目“污文化”成风，甚至以“污”为节目卖点来博眼球。网络综艺节目发展势头有目共睹，其备受网络受众喜爱，国内四大头部网络平台因此斥巨资打造具有特色的网络综艺节目品牌，越来越多的网络综艺节目走进大众视野，品质也不断提升，甚至成为现象级网络综艺节目。受到近几年过度娱乐化，以及视频网站之间竞争加剧的影响，为了使自己的节目被受众关注，部分网络综艺节目毫无节制，甚至突破底线，长此以往势必误导当下的年轻受众，更是对社会风气的极大破坏。网络综艺节目作为文化产品，起到塑造人格和提高审美的作用，唯有不断提高节目品质，才能被受众喜爱。因此，网络综艺节目的发展应该树立正确的价值导向，创造风清气正的良好社会氛围，从而推动互联网综艺节目的创新发展，使得网络综艺节目在不断创新的基础上迸发出青春活力。

第四，2021年6月，中央网信办启动“清朗·‘饭圈’乱象整治”专项行动，8月，中央网信办再次重拳出击推进“饭圈”乱象治理工作。新华网评表示，“应对病态追星，已不能仅靠呼吁粉丝理性。平台方需要担起自己的社会责任，节目制作要有正确的价值引导，不能和赞助商联手怂恿粉丝的不理智消费行为。对偶像本人而言，也不能甘做‘流量王’。相关部门宜严加监管，对娱乐界的不良风气坚决说不”。

2021年2月3日，中国互联网络信息中心发布的第47次《中国互联网络发展状况统计报告》中显示，截至2020年12月，我国网民规模为9.89亿人，互联网普及率达70.4%，超过10亿用户接入互联网，形成全球最为庞大的、生机勃勃的数字社会。2021年8月25日，中央网信办公布了《关于进一步加强“饭圈”乱象治理的通知》，提出取消明星艺人榜单、优化调整排行规则、严管明星经纪公司等10项措施，重拳出击解决“饭圈”乱象问题。网络空间是网民受众的共同精神家园，相关部门从维护网络政治安全和意识形态安全、营造清朗网络空间的高度认识出发，推进“饭圈”乱象治理工作，不断巩固和扩大专项行动成果，构筑清朗网络空间。

第五，随着网络综艺节目的发展，在资本的驱动下，节目中充斥着多种广告营销手段。在当下的社会中，推崇消费主义的广告随处可见，也激起了受众的消费欲望。比如爱奇艺的网络综艺节目《奇葩说》，通过主持人的口播广告、节目情节植入广告、节目现场硬广告牌、节目嘉宾推荐等方式，多角度、全方位地对广告进行宣传。更多的网络综艺节目则是选择植入软广告，通过虚构故事、场景，从而达到营销的目的和效果，提高产品营销的效率。随着电商的兴起，网络综艺节目开始与电商合作，通过直播或带货的方式，以场景渲染消费气氛，在节目的直播过程中，实现产品的销售，达到商品的变现。网络综艺节目与电商的结合，对节目要求更高，有别于传统综艺节目的制作和播出，更加调动了受众参与节目的互动性，带给网络受众更好的购买产品体验，激发网络受众的购买欲望。而在有些网络综艺节目中，不断出现拜金主义、炫富、享乐之风等消费观念，过度渲染消费主义，对受众进行错误引导。因此，网络综艺节目要避免过分渲染消费主义，传递正确的社会价值观，营造一个风清气正的网络文化生态环境。

第二节　网络综艺节目的发展策略

国内视频网站制作的网络综艺节目逐渐火爆起来，近年来更是呈现了井喷式的发展状态，现象级网络综艺节目、“超级网综”不断涌现，受到广大网民的喜爱，也成为繁荣我国文化艺术的重要一环。然而，如上文所讲，网络综艺节目繁荣的背后，也出现了许多不可忽视的问题，如果不及时加以纠正，势必影响网络综艺节目的持续发展，更会给社会主义文化的建设带来危害。因此，我们要积极应对网络综艺节目发展中的负面现象，提出有利于网络综艺节目持续发展的应对策略，使其更有利于社会主义文化建设，持续提高民族文化的向心力和凝聚力。

第一，强化网络综艺节目的社会责任意识，不断完善相关的政策措施。2016年11月30日，习近平总书记在中国文学艺术界联合会第十次全国代表大会、中国作家协会第九次全国代表大会上发表的重要讲话中强调：“广大文艺工作者要善于从中华文化宝库中萃取精华、汲取能量，保持对自身文化理想、文化价值的高度信心，保持对自身文化生命力、创造力的高度信心，使自己的作品成为激励中国人民和中华民族不断前行的精神力量。”“要把握时代脉搏，承担时代使命，聆听时代声音，勇于回答时代课题。”“要把培育和弘扬社会主义核心价值观作为根本任务，坚定不移用中国人独特的思想、情感、审美去创作属于这个时代、又有鲜明中国风格的优秀作品。”因此，网络综艺节目作为社会主义文化艺术的一部分，有其自身的社会责任和使命。良好的价值导向是网络综艺节目朝着良性发展的基础，更会通过其价值取向，深刻影响受众的思想和行为，进而影响整个社会的发展方向。

网络综艺节目的受众大多为“90后”“00后”的年轻受众，因此节目质量会给当下年轻受众的价值观塑造带来重要影响。2021年以来，国家广播电视总局、中央网信办等相关职能部门也不断出台相关政策措施，指导当下文艺节目的发展和方向，其目的就是营造一个风清气正的网络环境。国内各大视频网站、节目制作公司和节目制作团队，也应加强自身的监管力度，强化行业自律，坚守社会底线，承担起社会责任，树立良好的节目品牌和品质，抵制低俗的节目内容，努力做到对社会负责，传递正能量。更重要的是，国家相关职能部门应尽快出台有关文化艺术监管的法律法规，坚决抵制艺术炒作的歪风邪气，对电视综艺节目、网络综艺节目等视听节目出台细化的法律条款，一方面使节目制作方在相应的框架范围内，制作符合社会规范的节目；另一方面使监管部门更有法可依，对违反相关法律法规的节目制作单位和机构进行相应的处罚，从而保证网络综艺节目朝着更加健康、有序的方向发展。

第二，加大网络综艺节目的创新力度，坚持内容为王，始终保持节目的发展活力。习近平总书记在文艺工作座谈会的讲话中强调：“文艺创作是观念和手段相结合、内容和形式相融合的深度创新，是各种艺术要素和技术要素的集成，是胸怀和创意的对接。要把创新精神贯穿文艺创作生产全过程，增强文艺原创能力。”网络综艺节目经历了“野蛮生长”的时期，伴随着竞争的加剧，创新成为其保持生命活力的唯一源泉，始终坚持内容为王，才能保持网络综艺节目处于竞争的不败之地。尤其是现象级网络综艺节目、“超级网综”的出现，以及网络综艺节目反哺传统电视媒体的现象，恰好证明了网络综艺节目创新节目类型、精准定位等策略的正确性。比如腾讯视频在2015年打造的大型生活试验真人秀节目《我们15个》，反向输出到东方卫视播出；优酷土豆网打造的大型音乐推理互动节目《歌手是谁》，在北京卫视同步播出；爱奇艺打造的时尚互动真人秀节目《爱上超模》，也输出到湖北卫视播出，等等。这些案例从一个侧面证明了网络综艺节目制作品质可以与电视综艺节目相媲美，其实更得益于网络综艺节目的不断创新，坚持以内容为王，打造精品节目，从而得到了网络受众和电视观众的认可。

网络综艺节目无论是从内容上还是从节目形式上，都在不断突破自我、追求创新，才获得了广大互联网受众的追捧。像爱奇艺的《奇葩说》和《偶滴歌神啊》在节目内容上都进行了一定程度的创新。其中最为人称道的是这两档节目的主持人马东和谢娜，完全不同于传统节目主持人的主持风格，诙谐的语言和灵活的现场主持技巧更是让受众眼前一亮。而《奇葩说》在辩论选题上更是下足了功夫，通过各种渠道筛选出当下年轻人关注的热门话题，在节目辩论中充满了乐趣，同时引起当下年轻人的共情和深刻思考。而优酷网打造的综艺推理脱口秀节目《火星情报局》，营造出一个情报机构的情境，设计出全新的“火星世界”。节目形式新颖且具有带入感，每一期节目看似混乱，但乱中有序的发展脉络带给受众更多的沉浸式节目享受，更能够引发受众发自内心的欢乐。网络综艺节目正是在不断创新中，创造出更多的现象级网络综艺节目和“超级网综”，引领了网络综艺节目的向前发展。

第三，强化网络综艺节目的品牌意识，增强节目的竞争力。目前，国内视频网站已形成爱奇艺、腾讯视频、优酷网和芒果TV四足鼎立的局面。这四家之所以从众多视频网站中脱颖而出，离不开这么多年来视频网站不断加大节目创新，形成属于自己特色品牌的节目，并获得了广大互联网用户的认可。多年实践经验证明，各大视频网站要想获得自身突破性发展，就必须走金牌化建设的路线，打造属于自身特色的品牌，打造节目差异化，提升行业竞争力，形成品牌价值。

比如爱奇艺以“悦享品质”为品牌特色，主打青春活力、品质时尚，倡导为用户提供高清而有品质的观影体验，符合当下年轻人的审美需求。其特色节目如《奇葩说》，旨在寻找华语世界中观点独特、口才出众的“最会说话的人”。节目选取当下生活中的热门话题作为辩题，引发受众的人生思考。《奇葩说》因此成为爱奇艺标志性的节目，更成为其品牌节目。腾讯视频则以“不负好时光”为口号，以自由的生活感受体现人文关怀和情感传达，通过其品牌塑造出对生活的期待，为用户带来更加愉悦的体验。腾讯视频的品牌节目《吐槽大会》以全新的模式颠覆了脱口秀和喜剧的格局，从内容和形式上以多维度体现当下年轻人的视角和态度。在追求喜剧效果的同时，传递了更深层次的正能量和价值观。《吐槽大会》改变了国内综艺脱口秀的格局，更为观众带来了无数欢声笑语，也助力了网络综艺事业的发展，因此成为腾讯视频网站品牌性的代表节目，提高了腾讯视频在市场上的竞争力。当然，在塑造品牌的同时，更应提升节目品质，打造节目精品，唯有不断持续创新，维护节目高质量品牌，才能使网络综艺节目获得持续性发展。

第四，强化以中华优秀传统文化为网络综艺节目的价值导向，传播正能量。党的十九大报告中强调：“中国特色社会主义文化，源自于中华民族五千多年文明历史所孕育的中华优秀传统文化，熔铸于党领导人民在革命、建设、改革中创造的革命文化和社会主义先进文化，植根于中国特色社会主义伟大实践。”中华优秀传统文化不单是中华民族屹立于世界民族之林并生生不息的根源所在，更是中国文化软实力的重要标志。“十四五”规划中更是提出：“推动中华优秀传统文化创造性转化、创新性发展。”因此，网络综艺节目的发展，必须以中华优秀传统文化为价值导向，增强网络综艺节目的吸引力，更要丰富节目的文化内涵。

中华优秀传统文化，是中华民族历经五千多年的发展而形成的人文精神，更是构筑中华民族特色的审美精神，是中华民族赖以生存的根和魂。网络综艺节目对中华优秀传统文化加以继承的同时，更要批判地继承其文化内蕴。

网络综艺节目要借鉴和学习如《见字如面》《中国诗词大会》《典籍里的中国》等一大批优秀电视综艺节目，用感人至深的故事、珍贵的历史文化，传递中华优秀传统文化的核心价值和理念，在提升节目文化价值和品位的同时，增强民族自信心和自豪感。用优秀的传统文化滋润网络综艺节目的创新和发展，不但有利于提高节目的品质和品位，更有利于滋养和提升互联网用户的艺术品位和文化修养。网络综艺节目是文化产业链条上十分重要的一环，原创性和优质内容是其得以持续发展的根本。而网络综艺节目在发展过程中，不可避免地会产生低俗内容和倾向，因此，网络综艺节目的打造更应以中华优秀传统文化为节目发展的根本，以其先进性、多元化，强化价值引领的作用，坚守道德底线，抵制低俗内容，传播正能量，以正确的价值引领和塑造风清气正的网络文化环境。

第五，网络综艺节目要突出节目的网感，实现“台网互动合作”，从而获得可持续发展的路径。网络综艺节目和传统电视综艺节目最大的区别就是，网络综艺节目具有强大的网络基因，以及节目制作的互联网思维。加之其受众更多的是网络原住民和亚文化群体，年龄以16岁到35岁为主，正是以“去TV化”的创作模式为特点，才使得网络综艺节目在与传统电视综艺节目的竞争中获得一席之地，其成长壮大和发展也日趋成熟。要强化网络综艺节目的网感，就要在节目制作上选择社会热点，以及与当下年轻人息息相关的问题，才能引起互联网受众的共情，从而增强受众的黏性，使网络综艺节目获得持续的关注度。目前，网络综艺节目类型更加多元化，还融合了当下受众最喜欢的“直播+”模式；传播方式更加多元化，满足当下年轻受众的需求和心理满足感。因此，网络综艺节目的“去TV化”创作，突出节目的网感特性，能够最大限度地满足在网络亚文化中成长起来的互联网受众群体。

网络综艺节目经过十几年的飞速发展，节目品质越来越专业化和精品化，甚至反向输出到电视台播出。现阶段，由于网络综艺节目的受众群体更加年轻化，与传统的电视观众形成互补，“台网互动”节目的形成，有利于互联网视频网站和传统电视媒体的协调发展。比如视频网站中较为年轻的芒果TV，由于背靠湖南卫视，其节目资源既有湖南卫视独播的节目，也有自制的网络综艺节目，二者的互利互动，促使芒果TV在极短的时间内迅速成长。同时，湖南卫视因其综艺节目在芒果TV的播出，也增加了节目收视份额，进一步扩大了网络传播速度。因此，目前国内发展较为成熟的爱奇艺、腾讯视频、优酷网等，都可以借鉴芒果TV和湖南卫视的发展模式，促进"台网互动"发展的全新局面。

第六，网络综艺节目在拓宽受众群体层次的同时，更要提高互联网受众的媒介素养。网络综艺节目有特定的节目受众群体，以其喜好作为节目的制作初衷，同时也应扩大目标受众群体，通过其节目风格和艺术语言来吸引新的目标受众的关注，从而产生共情和共鸣。当然，网络综艺节目每一期的内容，不一定都能符合各个年龄层次受众的喜好，但可以邀请不同年龄段的嘉宾参与节目制作，从而达到扩大节目受众群体的目的。爱奇艺的代表性综艺节目《奇葩说》就将其选出的节目辩题发布到新浪微博、知乎、百度知道等数据平台，发动网友参与调查投票，从而引起新受众的关注和讨论。当感兴趣的话题被新受众群体关注时，这一群体就可能转化为《爱奇艺》节目的新受众。而像浙江卫视的《中国好声音》，从2012年到2021年已播出了十季，节目的导师有较为固定的那英、汪峰等，还邀请了李荣浩、吉克隽逸、吴莫愁、张碧晨、黄霄云等新生代导师，扩大了节目的覆盖面，将不同年龄层的受众吸引到节目中来。网络综艺节目更是可以学习电视综艺节目吸引年轻受众的做法，来吸引更多除年轻受众之外的群体。

网络平台正成为人们获取信息和发表言论的新阵地，普通受众以其拥有的网络话语权发挥影响力。而正是在这样的媒介环境下成长起来的网络综艺节目的粉丝群体，如果没有对信息的鉴别能力，缺乏正确的价值观引导，势必迷失在网络的虚拟世界中。因此，作为网络综艺节目的受众，必须不断提高自己的媒介素养，正确识别互联网上的真假信息，进而做出较为正确且合理的判断，不会因为网络中虚拟世界的幻象而迷失自我。当然，作为节目制作方的互联网平台和节目团队，更应承担起相应的社会责任，本着对社会负责、对人民负责的态度，依法加强网络空间治理和引导，加强网络内容建设，营造风清气正的网络环境。当然，网络受众也应该主动学习媒介素养的相关知识，提高辨别是非曲直的能力，学会以批判的思维去看待网络综艺节目。

第七，开拓节目衍生产品，扩展网络综艺节目的盈利模式。网络综艺节目市场经过十几年的发展，节目数量不断增加，节目质量也不断提高。大制作、精品化节目的出现，为观众带来所谓“现象级”的网络综艺节目，带给互联网受众更多惊喜。差异化竞争，使得国内主要视频网站平台的发展更具特色和辨识度，如爱奇艺的“轻奢主义”理念，腾讯视频“不负好时光”的口号，优酷网的“这世界很酷”口号希望带给用户更优、更酷的文娱酷体验等。因此，网络综艺节目必须找准自己的营销定位，确定不同的发展方向，提高节目质量，从而获得好的市场回报。当前网络综艺节目的收入除传统的广告收入，如栏目冠名、中插广告、贴片广告、主持口播广告等之外，更多节目正寻求新的收益增长点，如2018年优酷网打造的“这就是”系列节目，打破传统的盈利模式，在《这！就是街舞》播出的同时，天猫也同步上线了其衍生产品。《这！就是街舞》初期招商金额就达6亿元，节目热播的同时，更是联合淘宝、天猫、饿了么进行线上线下联动销售，打造全方位传播销售矩阵。另外，部分视频网站也采用会员制，通过会员抢先看和会员独享等优势吸引受众群体的同时，也增加了收益，是视频网站和网络综艺节目另一条增加收益的渠道。

而网络综艺节目也应该学习电视综艺，如湖南卫视在2013年热播的综艺节目《爸爸去哪儿》，之后接着制作了电影版《爸爸去哪儿》、手游版《爸爸去哪儿》以及湖南金鹰卡通卫视在2014年推出动画片《爸爸去哪儿》，其中电影版《爸爸去哪儿》首日票房就达9000万元；浙江卫视热播的综艺节目《奔跑吧兄弟》火爆后，2015年推出贺岁档电影《奔跑吧兄弟》，票房达4.4亿元。由此可见，网络综艺节目如果能借鉴电视综艺节目的衍生制作节目模式，在营销方面肯定还有更多收益。当下，由于电商的发展，直播带货又成为网络综艺节目的一个新增长点，据《2020中国网络视听发展研究报告》显示，截至2020年6月，我国网络直播用户规模达5.62亿人。电商直播用户规模迅速扩大，直播带货已然渗透到网络综艺节目领域。如优酷网与淘宝合作的《奋斗吧主播》、芒果TV的电商助农直播真人秀《希望的田野》等，可以说多种模式的网络综艺节目营销，扩大了网络综艺节目的盈利模式，值得学习和推广。

第六章　网络综艺节目的创新路径及发展趋势

第一节　网络综艺节目的创新路径

近年来，媒介技术的飞跃式发展，以及网民数量的不断激增，网络综艺节目越来越为受众所青睐，爱奇艺、优酷网、腾讯视频以及芒果TV等国内头部网站制作的网络综艺节目成为近几年现象级网络综艺节目的代表，其创新之处值得业界和学界加以探究。如何推动当下网络综艺节目的创新发展，成为值得我们探索的课题，其发展潜力和市场前景更是不容小觑。网络综艺节目类型众多，如音乐类、体育类、竞技类、观察类、语言类、亲子类等，而网络平台所具有的先天优势，使综艺节目类型向更加细分化、垂直化趋势发展。与传统的电视综艺节目相比，网络综艺节目无论在内容方面还是在制作播出等方面，都有更多的创新之处，主要表现在以下几个方面。

一、网络综艺节目跨平台、跨媒体的融合传播矩阵，提升节目知名度和吸引力

网络综艺节目的发展，历经视频网站单纯作为电视综艺节目的播出平台阶段，到台网互动阶段，再到今天的视频网站自制综艺节目阶段，通过网络视频平台自身制作并播出综艺节目。当然，视频网站自制网络综艺节目能够如此火爆，很大程度上得益于其跨平台、跨媒体的融合传播矩阵的打造，提升节目

的传播速度，扩大节目影响力，吸引更多的受众群体，增强节目受众的黏性。

例如，国内头部平台爱奇艺在2019年推出的《乐队的夏天》，其之所以成为当年的现象级综艺节目，首先得益于爱奇艺平台长期以来聚集的人气和口碑；其次，《乐队的夏天》同时在PC（个人电脑）端、移动手机端进行播出，更在新浪微博开通官方微博账号开展投票活动，与网友互动；通过微信朋友圈进行“实名安利”活动，跨平台、跨媒体的融合传播，扩大了节目的传播效应。《乐队的夏天》以其高曝光度，收获了更高的关注度。因此，《乐队的夏天》在2019年播出后，在豆瓣网评分高达8.7分，微博话题更是达到了37.1亿次阅读量，甚至单条微博搜索量为2.2亿次，成为百度搜索指数最高的综艺节目。《乐队的夏天》作为小众节目，却拥有如此高的点击率和关注度，其成功除了节目本身的创新之外，更得益于其跨平台、跨媒体的融合传播矩阵的打造。

二、网络综艺节目话题营销，更是其成功的一大法宝

当下综艺节目的成功因素，除自身节目质量过硬外，话题营销也是成功的必备因素之一。从2019年的爆款网络综艺节目《乐队的夏天》的火爆程度便可窥一斑，该节目成为那个夏天的最大赢家。从数据上看，《乐队的夏天》百度搜索指数最高时达到了84万次左右。《乐队的夏天》以节目中出现的争议点作为话题，通过不同平台进行传播，除获得更高的关注度外，还形成了二次传播，乃至于多次传播。这些话题都助推了节目的关注度，成为其成功传播的必备要素。

三、整合商业化营销，成就网络综艺节目价值创新的一大亮点

以优酷网为例，其在2018年斥巨资打造的超级网综“这就是”系列，不再以节目植入广告为主要盈利方式，而是采取多元化的商业营销模式，联合

淘宝、天猫、饿了么进行线上线下联动，打造全方位传播矩阵。“这就是”系列节目在获得良好口碑的同时，也探索出了全方位营销的商业新模式，在常规广告冠名、中插广告、植入广告等传统模式之外，探索了更多、更有效的盈利模式。商业利润的提高，更促使网络综艺节目朝着可持续方向发展壮大。“这就是”系列节目的商业化创新营销，达成了网络平台、制作方、商业合作方三方共赢的局面，整合营销模式，成为我国网络综艺节目创新的亮点。

四、小众网络综艺节目，打破圈层文化成为爆款，题材创新是节目成功的关键

我国电视综艺节目发展至今，已有近40年的时间，曾经的现象级电视综艺节目，叠加今天庞大的网络综艺节目，同质化现象严重，观众早已对“千人一面”的综艺节目产生审美疲劳。如何在众多综艺节目中脱颖而出，如何对综艺节目进行创新，是今天的电视综艺节目与网络综艺节目共同面临的难题。2018年，优酷网联合灿星公司推出《这！就是街舞》，独辟蹊径，从聚焦于小众题材做到大众化传播，利用非主流文化的街舞这一亚文化杀出一条“血路”。该节目在2018年上线，点击率已超过14亿次；《这！就是街舞》第二季更是受到网民的追捧，成为网络综艺节目真正的爆款。

如今的“90后”“00后”是网络的“原住民”，更是伴随着各种“非主流”的圈层文化不断兴起而成长起来的。如何打造符合当代年轻人喜好的综艺节目，抓住年轻受众，才是成功的关键所在。而“这就是”系列综艺节目，恰恰把握这一核心元素——圈层文化，如《这！就是街舞》针对街舞这一小众题材，充分挖掘这一圈层文化群体，从专业水准的把控、节目元素的设计、赛制的编排、舞美的创新等多个方面成功破圈，为年轻受众所喜爱。研究该节目如何在其中体现并运用亚文化获得成功，并探寻综艺节目利用亚文化的方法和路径，可以为今后的网络综艺节目创作提供可参考的意见。

伴随着网络综艺节目的发展，我们更应该清醒地认识到，网络综艺节目中出现的一些问题，比如网络综艺节目过度商业化和过度娱乐等问题仍然比

较严重，这就一方面需要相关职能部门出台相关政策和管理措施加以引导，另一方面网络播出平台和节目制作公司也要积极加以改进，从而使网络综艺节目与当今的社会价值、文化价值相结合，尤其是在全媒体时代，更应运用“互联网+”的思维，寻找节目创新突破口，提升网络综艺节目的整体品质与品格，展现社会发展中丰富多彩的文化现象，传递出年轻人积极向上的人生信念与乐观的生活态度。

结 语

近年来，随着网络技术的发展，尤其是大数据、人工智能、5G等技术的应用，以及我国网民数量的增加，网络综艺节目市场出现巨大发展潜力，由视频网站研发制作，且面向网络用户的网络综艺节目呈爆发式增长状态。网络综艺节目在发展中如何继续提升其节目品格与品质，需要我们要继续研究与探讨。

第二节 网络综艺节目的发展趋势

在媒体融合的大背景下，网络综艺节目依托于互联网平台，凭借其先天传播优势，获得受众的青睐，具有广阔的发展前景。国内各大头部网络平台加大资本投入，竞相制作更为优质的网络综艺节目，创新节目形式和内容，不断有更优质的网络综艺节目呈现在互联网平台中。结合当前网络综艺节目的发展，展望网络综艺节目的发展趋势，国内网络综艺节目的未来值得我们有更多的期待。

一、国内网络平台和网络综艺节目的发展，马太效应明显

据相关调查信息显示，网络综艺节目流量头部平台主要集中在爱奇艺、

腾讯视频、优酷网以及芒果TV四大平台，其用户达网络受众的近九成，庞大的用户基数为网络平台及网络综艺节目提供了足够的流量保证。据2021年2月3日中国互联网信息中心发布的第47次《中国互联网络发展状况统计报告》显示，网络综艺节目相关排名前10位的节目依然被爱奇艺、腾讯视频、优酷网和芒果TV国内四大头部平台占领。四大网络平台自制网络综艺节目资源丰富，并且拥有一线制作团队，各具特色，也都有自己代表性的网络综艺节目。

爱奇艺可谓是国内网络平台的“领头羊”，主打“年轻化”的创作方向，深耕青年潮流文化，围绕音乐类、生活类、青春系列和新国潮系列进行布局。音乐类网络综艺节目代表如《我是唱作人》《乐队的夏天》《这样唱好美》等。生活类网络综艺节目代表如《从地球出发》《慢游全世界》《做家务的男人们》等。青春系列网络综艺节目代表如《演员的品格》等。新国潮系列网络综艺节目代表如《经典咏流传》第三季等。爱奇艺最具特色的节目如《乐队的夏天》等可以说是既叫好又叫座，并且使得小众题材类综艺节目成功破圈，赢得了广大受众的好评，成为爱奇艺品牌音乐类综艺节目的代表。

腾讯视频的品牌理念是“不负好时光”，始终保持网络综艺节目优质内容的差异化竞争优势，制作的脱口秀节目《吐槽大会》成为网站平台的流量担当，更凭借《吐槽大会》、《脱口秀大会》和《放开我北鼻》第二季成功保持国内头部平台的强势地位。

优酷网重新布局，除主打“这就是”系列网络综艺节目外，更是在文化综艺节目方面突出发展，成为其网络综艺节目发展的一大趋势。优酷网曾经的爆款网络综艺节目《火星情报局》不断进行创新，成为网络受众持续关注的王牌节目；同时，优酷网的“这就是”系列陆续推出的《这！就是街舞》《这！就是灌篮》《这！就是原创》等节目，依然延续了之前的节目热度，反响热烈。优酷网也在不断创新节目发展，打破圈层文化，制作的喜剧类、脱口秀类、音乐舞蹈类、婚恋类、竞技类、旅游类、健身类、表演类等节目都有更佳表现，为受众所称道。而优酷网的文化传播类综艺节目更是一道亮丽的风景线，如《这就是中国》、《青春京剧社》、《中国正在说》第二季、《我们在行动》第四季等引领网络文化综艺节目的风向。

芒果TV背靠湖南卫视的平台优势，主打的情感观察类慢综艺融合了社会热点话题和现象，其头部网络综艺节目《明星大侦探》已经播出了七季，节目的不断创新与热点话题的融入，成为“综N代”节目的典范。芒果TV独倚湖南卫视节目制作优势，同时又与天娱传媒、芒果娱乐和芒果影业等资源搭载，形成其独特的产业链条。芒果TV推出的一系列网络综艺节目如《我家那小子》、《妻子的浪漫旅行》、《我家那闺女》、《新生日记》、《女儿们的恋爱》、《一路成年》、《舞蹈风暴》、《向往的生活》第三季、《亲爱的客栈》第三季、《中餐厅》第三季等，都成为网络平台上受到网友追捧的综艺节目。芒果TV更是向亲子类、情感类和旅游类倾斜，继续深化和探索符合自己平台特色的发展道路，成为独具个性辨识度的互联网平台。

二、网络平台打造网络综艺节目与直播带货相结合，呼应社会热点，获得双赢局面

截至2020年6月，我国网络直播用户规模近6亿人，直播电商带货在国内发展得如火如荼，成为当下最热门的话题之一。直播带货也渗透到了网络综艺节目领域，各平台打造“综艺+直播电商”的新型产业模式。自2005年我国网络直播开始起步，发展到今天大致经历了探索期、发展期和火爆期三个阶段。尤其是自2016年开始，网络直播带货进入火爆发展阶段，而这一年，也恰好是网络综艺节目迅速发展的一年。2005年，9158平台尝试开拓视频聊天功能，之后YY、六间房等平台步入视频聊天行业，经历了10年的发展，网络直播在2016年获得飞跃式的发展，这一年也被称为“网络直播元年”，并创造了“网络主播”这一新兴职业，许多网络主播为大众所熟知，他们的直播带货能力也吸引了更多受众。也是从这一年开始，网络直播涉足商品销售，全面直播的时代到来了。2019年，网络直播涉及教育、体育、社交、财经、音乐等行业，这一年更是被称为“电商直播元年”，明星也加入直播带货行列。2020年，全球暴发新冠肺炎疫情，网络直播带货更是成为新兴商业模

式。各大平台创新节目形态，以“直播+综艺”的全新模式探索网络综艺节目发展的新趋势。2020年8月2日，腾讯视频在上海举行了2020年度发布会，腾讯视频副总裁、企鹅影视高级副总裁马延琨指出：“用户审美和需求不断提高，内容更加追求极致，而今年突如其来的疫情也促使综艺呈现形式、制作技术实现突破。作为内容制作、播出及产业赋能平台，腾讯视频将持续在综艺全流程上发力。”直播带货成为大趋势，因此腾讯视频顺势推出两档大型直播带货综艺节目，一档是《只要你敢买》，由黄磊加盟；另一档是《鹅外惊喜》，由魔术师刘谦与辣目洋子合作，将魔术表演和沉浸式场景结合，用综艺化的表达进行直播带货，挑战全新网络综艺节目形式，让用户在看综艺节目直播的同时购物。芒果TV还推出了《希望的田野》节目，打造电商助农真人秀，让6位艺人深入独具特色的农村，发掘当地特色农产品，通过“综艺+直播”的形式，创新节目形态，将直播助农变成了切实帮助村民脱贫致富的途径。直播带货综艺节目可以说是对网络综艺节目创新的一次大胆尝试，更是将视频与电商以及产业相融合，在抓住直播带货这一社会热点的同时，实现了产业的延展和提升，更为网络综艺节目的商业化探索提供了更多尝试路径，也成为网络综艺节目发展的新趋势和新方向。

三、小众网络综艺节目题材破圈升级，节目垂直细分化成为发展趋势

网络综艺节目的发展已经迈入了“综N代”时期，国内头部平台打造节目差异化竞争，小众题材综艺节目破圈，获得了受众的热烈追捧。因此，国内网络综艺节目更是深耕细作，节目质量可以与电视综艺节目相媲美，甚至一些节目还超越了电视综艺节目。分众化已成为网络综艺节目的发展方向，未来网络综艺节目的制作将更加倾向于运用互联网思维，把社会热点与分众化传播相结合，实现差异化定位，同时将节目品牌、节目质量和内容与受众需求相结合。垂直类综艺节目挖掘社会不同领域热点，音乐类综艺节目如《乐队的夏天》，街舞类综艺节目如《这！就是街舞》《热血街舞团》，体育竞

技类综艺节目如《这！就是灌篮》《这！就是铁甲》等。网络综艺节目的垂直细分，从而使得小而美、小而精的小众化网络综艺节目更加细分，如《乐队的夏天》这一小众题材综艺节目，主要聚焦于乐队，聚焦于小众文化，其节目内容和话题性重新唤醒了人们记忆深处对摇滚乐的热爱，点燃了人们对摇滚乐的激情，从而成功破圈。各大平台为了吸引受众，同时顺应社会分众化发展趋势，在挖掘青年亚文化方面进行深耕，寻找其积极因素，以正能量的传播形式将小众文化推向大众视野。

从国内头部网络平台差异化发展可以看出，爱奇艺主打青年励志、说唱音乐以及脱口秀和二次元节目；腾讯视频以“不负好时光”为口号，挖掘“综N代”的IP价值，体现年轻人的生活方式；优酷网以竞演和喜剧综艺为特色；芒果TV主打“青春”主题，发展情感观察类和慢综艺节目。如芒果TV在2016年推出的《明星大侦探》，该节目可以说是一款垂直衍生类的爆款，整个节目将品牌深度植入，以品牌诉求为切入点，无论是节目剧情还是节目线索都强化了品牌理念。垂直类节目与品牌捆绑打造，更实现了其自身IP的营销价值。由此可见，垂直类细分网络综艺节目，除了要精准定位受众圈层，获得稳定的流量外，更需要与市场运作进行融合营销，将会获得平台和营销品牌双赢的局面。当然，在网络综艺节目垂直细分的过程中，其涉及的类型范围更要不断优化。美国学者J.C.梅里尔和R.L.洛文斯坦在1971年发表的《媒介、讯息与人的新视角》一文中就指出：“分众不仅体现在受众的社会关系结构中，大众传播媒介的发展，也呈现出专业化和分众化的趋势。”网络综艺节目的垂直细分，更是满足了当下受众的多元化选择。垂直细分化的网络综艺节目目前涉及音乐类、舞蹈类、文化类、旅游类、观察类等，但是网络综艺节目的垂直细分还应进一步深度发掘，拓宽其发展方向。

四、作为短视频与综艺节目融合创新的微综艺，将成为网络综艺节目的重要类型和发展潮流

所谓微综艺，是相对于传统电视综艺节目而言的，其时间较短，一般为

5—20分钟，最早是对综艺节目正片进行补充的花絮素材，是网络衍生综艺节目的一种创新的节目形态，因其制作周期短、成本低而具有较大的商业价值潜力。微综艺目前在国内综艺节目市场占有更多的份额，因而被制作机构和受众所关注。2021年2月3日，中国互联网络信息中心发布的第47次《中国互联网络发展状况统计报告》显示，截至2020年12月，我国网民规模达9.89亿人，短视频用户更是超8亿人。这充分说明短视频已成为人们日常生活中必不可少的休闲方式，微综艺由于其自身的轻松、简短、有趣，符合当下网络用户快餐式的需求，更成为当下社会视频消费的方向。而随着大数据、人工智能、云计算的应用，微综艺伴随人们步入消费场景化、智能化和多样化的趋势越来越明显。2019年6月，由今日头条和上乘优品联合推出的首档互联网宫廷饮食文化传承探索节目《我在宫里做厨师》，就是微综艺比较成功的代表之一。该节目融合微纪录和微综艺两种创作手法，创造了一种全新的视觉饮食表达。每期节目通过文化研究员寻访并讲述宫廷饮食文化，以及嘉宾的沉浸式剧情演绎，真实还原鲜活的宫廷饮食风貌，让观众通过一道道宫廷膳食感悟中国饮食文化的博大精深与深厚底蕴。

自2016年至今的6年时间，微综艺经历了从起步到快速成长的阶段。优酷网在2016年为鹿晗制作的《你好，是鹿晗吗》开启了微综艺发展的序幕，并以1.7亿次的播放量为受众所关注。紧接着，爱奇艺、腾讯视频和优酷网等国内头部视频网站在2017年纷纷布局微综艺；2018年微综艺更是迎来了高速增长的时期，共有70档微综艺节目被推出，比2017年的30档足足多了一倍还多，迎来了微综艺发展的第一个高峰。国内的平台西瓜视频、yoo视频和酷燃视频等也纷纷进军微视频制作领域，其中酷燃视频和西瓜视频更成为国内制作微视频的两大头部平台。目前，微综艺主要包括四种节目类型：衍生类、明星定制类、品牌定制类以及垂直类。较具有代表性的微综艺如明星定制类微综艺《周冬雨们》《张一山的小宇宙》，品牌定制类微综艺思念食品的《思念物语》、OPPO的《不可思议的旅行》、欧诗漫的《寻白记》等。随着5G时代的到来，视频逐渐成为社会交流的主要表达渠道，具有互联网基因的微综艺也必将为未来网络综艺节目的发展提供更多可能。

五、由“台网互动”到“网台互动”再到“网台联动”，将成为常态化发展模式

网络平台诞生初期，由于其先天的互联网基因，加之版权关系，电视台作为输出方，向视频平台提供节目，视频平台更多的是作为电视台的另一个播出渠道。然而，随着国家广播电视总局对电视节目内容和质量要求的提高，传统电视综艺节目发展遇到了瓶颈。而视频平台自制节目质量不断提高，网络综艺节目规模化、精品化以及IP化运营，更是出现了视频平台制作的专业化程度高、制作精良的节目反向输出到电视台的趋势。例如爱奇艺就将节目输出到东方卫视播出，优酷网自制节目《侣行》输出到旅游卫视播出，乐视网的《十周嫁出去》在安徽卫视播出等。

由视频平台综艺节目反向输出到电视台，再到视频平台与电视联动制作节目，加深了二者的合作空间，也是未来的发展趋势。如优酷土豆网与北京鱼子酱文化联合北京卫视在2015年8月推出的《歌手是谁》，这是一档大型音乐推理互动节目；2015年安徽卫视与爱奇艺打造的深度访谈节目《易时间》，除每周日在安徽卫视播出外，还登陆了腾讯视频和《南方人物周刊》，构成了平面媒体、传统电视以及网络平台同步播出的“全媒体”渠道；《我们15个》则是由腾讯视频和东方卫视联合推出的大型生活实验真人秀节目；芒果TV更是背靠湖南卫视强大的资源，形成了芒果TV和湖南卫视联合开发运营节目的模式，不但提高了收视率和流量，还探索出新的发展模式，成为网台联动发展的典范。

第七章　国内主要视频网络平台个案研究

第一节　爱奇艺平台研究

一、爱奇艺平台的概况

爱奇艺是在2010年1月6日由百度投资组建的独立视频公司，龚宇任CEO；2月24日宣布网站名称为奇艺；3月29日奇艺测试版上线；4月22日奇艺网正式上线，标志着爱奇艺正式诞生，这一天也成为爱奇艺视频网站创立日。2013年5月7日，百度收购PPS视频业务，将其与爱奇艺合并。爱奇艺秉承“悦享品质”的品牌口号，推动产品、技术、内容和营销等全方位创新，并成功构建了包含电商、游戏、电影票等业务在内的平台，引领视频网站商业模式多元化发展。爱奇艺打造涵盖电影、电视剧、综艺、动漫在内的十余种类型的正版视频内容库，成为拥有海量付费用户的视频网站，并在2014年在全球范围内建立了基于搜索和视频数据理解人类行为的“爱奇艺大脑”，用大数据指导内容制作、生产、运营和消费，并通过强大的云计算和宽带储备及全球性视频分发网络，为用户提供视频服务。

二、爱奇艺平台的发展现状

爱奇艺（旧称“奇艺”）自2010年4月正式创立起，就着手购买节目独播版权，走独立制作的发展道路。2014年11月底，爱奇艺联合米未传媒制作了中国首档说话达人秀《奇葩说》，点击量破亿次，微博话题阅读量也突破10亿次大关。2015年，爱奇艺自制网络综艺节目在全平台排名前20名榜单中，占有9档席位，市场份额占有率较高。2016年，爱奇艺更是不断创新网络综艺节目，完善节目内容与定位，吸引年轻受众，大制作和资本的大投入更使得爱奇艺自制网络综艺节目朝着精品化方向发展，并在各大视频网站中取得优势地位。爱奇艺因此在视频网站的发展中脱颖而出，成为国内四大头部平台之一。其代表性的网络综艺节目包括《奇葩说》《我是唱作人》《乐队的夏天》《我和我的祖国》《上新了·故宫》等。

（一）购买正版视频资源，建立中国最大的正版视频内容库

对于知识产权的保护，在国内经历了一个漫长的发展过程，因此在视频网站"野蛮生长"的初期阶段，大量盗版视频充斥着网络。随着我国对知识产权保护力度的加大，爱奇艺在成立初期就非常注重对知识产权的保护，因此确立了购买正式版权资源的发展路径，建立了中国最大的正版视频内容库，并尝试免费给爱奇艺的用户体验，收到了良好的体验反馈。2011年，爱奇艺购买了《甄嬛传》的网络独播权，从此拉开了网络独播的大幕。2013年，爱奇艺更是宣布内容独播战略，采取与其他视频网站差异化竞争的策略，从而使得爱奇艺的用户数量稳步增长。

（二）网络综艺节目选题紧跟社会热点，传播社会正能量

爱奇艺用户由于先天的互联网基因，相比于传统电视受众来说，其主要用户年龄介于15—30岁之间，因此爱奇艺的节目更加注重创新，以满足受众的审美需求。爱奇艺自制综艺节目的选题更是紧贴时代发展热点，充分发挥其娱乐精神的同时，带给年轻受众以正能量，使得其自制综艺节目朝着更加阳光的方向发展，为爱奇艺平台的可持续发展提供了更加有力的保障。2016年，由爱奇艺与尚众传播联合制作的国内首档方言音乐综艺节目《十三亿分贝》播出，积极响应教育部和国家语委启动的"中国语言资源保护工程"，研

发此档音乐节目，旨在更好地从文化传播、媒体推广的角度保护中国语言资源，对各地方言进行保护和传承。节目秉承寓教于乐、轻松快乐的传播原则，以全民参与的形式，将国家政策贯彻到实际行动中。爱奇艺还围绕“青春”这一主题，积极倡导美好未来的价值导向。

（三）打造良好的视频网站用户体验，布局多平台联动发展

爱奇艺在2010年4月22日正式上线之时，就提出了“悦享品质”的品牌口号，积极推动产品、技术、内容等全方位创新，为用户提供丰富、高清、流畅的专业视频体验，致力于让用户平等、快捷地获得更多、更好的视频。因此，爱奇艺成为中国高品质视频娱乐服务提供者的代名词，其品质、青春、时尚的品牌调性深入人心，网罗了全球广大的年轻用户群体。爱奇艺也积极开展与传统电视媒体，以及与其他视频网站的合作，布局多平台联动发展的新格局。2011年7月，爱奇艺联手安徽卫视打造“泰剧独播”计划。2012年4月，爱奇艺、搜狐视频和腾讯视频三大视频平台共同组建“视频内容合作组织”（VCC）。2012年5月，爱奇艺“大平台推热剧”战略全面升级，都市情感大剧《牵牛的夏天》同步在爱奇艺和湖南卫视播出。2013年5月，爱奇艺与河南卫视联手打造文化综艺节目《汉字英雄》。2013年6月，湖南卫视和爱奇艺推出暑假收视剧《天天有喜》。2013年7月，爱奇艺与北京电视台联手共推新媒体纪录片跨屏传播。2015年2月，爱奇艺获得2015年中央电视台春节联欢晚会全球独家直播权。网络平台、传统电视媒体以及网络平台之间的合作，实现了对不同用户群的最大覆盖，增强了不同媒体平台的传播力和影响力，达成了双赢或多赢的局面。

（四）打造自制综艺节目，实现差异化布局

在国内众多的视频网站平台起步阶段，各大平台的竞争处于白热化状态，为了能在众多平台的竞争中获胜，爱奇艺从一开始就布局自制内容的差异化竞争，打造优质精品的自制综艺节目。这一策略使得爱奇艺在激烈的市场竞争中成为视频平台的佼佼者，更成为国内四大头部平台之一。

差异化竞争就要求爱奇艺的自制节目从选题、内容到制作等方面，寻找独特而新颖的选题，推出独家网络综艺节目，并且让自制网络综艺节目成为爱奇艺的标志性品牌节目。爱奇艺在2014年推出自制网络综艺节目《奇葩说》，就是要打造不同于传统辩论的节目风格。《奇葩说》的每期话题都是通过知乎、新浪微博等平台精选出来的，紧贴当下社会民生、情感、生活、创业等热门话题，因此逐渐成为爱奇艺的标志性节目。未来，爱奇艺将在多元化的内容储备、个性化的产品体验、定制化的营销服务领域积极发力，引领视频体验革命。

三、爱奇艺平台发展面临的问题及思考

爱奇艺自诞生以来，就秉持“悦享品质”的理念，以“用户体验”为使命，通过持续不断的技术投入、产品创新，将自身打造为高品质视频娱乐服务提供者。爱奇艺的业务涵盖电影、电视剧、综艺、动漫等十余种节目类型。伴随着传媒技术的迅猛发展，互联网、移动媒体以及社交媒体之间的竞争日趋激烈，也使得传媒生态发生着深刻的革命。爱奇艺在国内视频网站的竞争中，依靠自身优势不断突破甚至超越其他网站的同时，也暴露出不少急需改变的问题。

（一）短视频社交媒体对视频网站流量的竞争，挤压爱奇艺等视频网站的生存空间

自2013年以来，短视频社交媒体如雨后春笋般发展、成长起来，如秒拍、抖音、快手、火山小视频等。这些社交媒体的用户参与度大大提升，互动性、共享性要高于视频网站，因此在提升用户的参与度、满意度方面更有优势。并且社交媒体利用传媒发展的趋势，开通了直播等形式，真正成为人人可以参与的媒体平台，其用户黏度更强。短视频社交媒体的发展，对视频网站平台造成相当大程度的影响和冲击。短视频社交媒体利用短视频的分享和传播效率高等特点，抢占了视频网站的流量，使得资本和广告客户向短视

频社交媒体转移，势必会对以爱奇艺为代表的传统视频网站平台的商业利润造成冲击，同时挤压其生存空间，这就引起了以爱奇艺为代表的视频网站的关注，急需找出应对策略。

（二）以爱奇艺为代表的视频平台，部分节目内容低俗化倾向严重

视频网站作为新兴的媒体平台，对其内容的监管在一定时间段内还处于摸索期，因此，国内网络综艺节目的发展虽然带动了网络平台的飞跃式发展，但同时视频网站的节目内容比较松散，出现了低俗化倾向。2016年，国家新闻出版广电总局发布了《关于进一步加强网络原创视听节目规划建设和管理的通知》，爱奇艺的主打节目《奇葩说》部分内容由于出现有悖社会价值观的因素，被要求进行整改。2021年5月4日，由于为偶像打投倒奶事件引起负面社会舆论，北京市广播电视局责令爱奇艺暂停《青春有你》第三季的节目录制。5月5日，爱奇艺也发文，表示对北京市广播电视局责令停播的通知诚恳接受，坚决服从，即日起暂停该节目录制，并认真核查、整改节目存在的问题。2021年6月，中央网信办启动“清朗·‘饭圈’乱象整治”专项行动。8月27日，中央网信办公布《关于进一步加强“饭圈”乱象治理的通知》，提出取消明星艺人榜单、优化调整排行榜规则、严管明星经纪公司等10项措施，重拳出击解决“饭圈”乱象问题。8月30日，文化和旅游部办公厅发布《关于进一步加强文艺工作者教育管理和道德建设的通知》，要求绝不为违法违规、失德失范人员提供舞台和平台，教育引导广大文艺工作者不碰“红线”、不触“底线”，提升职业操守。9月2日，国家广播电视总局发布《关于进一步加强文艺节目及其人员管理的通知》，明确提出坚决抵制泛娱乐化，坚定文化自信，大力弘扬中华优秀传统文化、革命文化、社会主义先进文化。中宣部也印发《关于开展文娱领域综合治理工作的通知》，其中指出，要严管综艺节目，健全审批机制，针对流量至上、“饭圈”乱象、违法失德等文娱领域突出问题部署综合治理工作。

（三）节目版权费的增加，影响了以爱奇艺为代表的视频网站的发展空间

爱奇艺在成立之初，就打造了涵盖电影、电视剧、综艺节目等十余种类型的正版视频库，并通过“爱奇艺出品”战略持续推动。爱奇艺在激烈的市场竞争中，凭借其正版节目获得了相当客观的市场份额，并成为国内头部主流视频网站平台的佼佼者。随着国内版权保护的进一步完善，内容版权争夺日趋激烈，版权价格也水涨船高，甚至已达到了视频网站资金承受的临界点。例如在2011年播出的电视剧《甄嬛传》，网络平台一集的购买价格大约为30万元，然而到了2015年，同样的电视剧售价已经涨了10倍，2016年竟然上涨近30倍。据百度财务数据显示，2017年爱奇艺购买版权费用就达126.17亿元。2020年11月，爱奇艺发布的2020年第三季度财务显示，爱奇艺第三季度营收达到72亿元，净亏损为12亿元。由于爱奇艺为保持节目品质，采取购买第三方合作伙伴的视频产品的方式，增加了几十亿元的成本，其购买电影网络独播权的费用也高达上千万元。爱奇艺以其正版内容作为网站平台发展的卖点，也是其能够在众多视频网站中脱颖而出的重要支点，因此承担激增的成本费用也无可避免。

四、爱奇艺视频平台发展的应对策略

作为国内头部网络平台的爱奇艺，要想持续获得发展，就必须面对存在的问题，加以优化改革，不断提升服务能力，积极推动产品、技术、内容、营销等全方位创新。

（一）要不断加强内容审核，抵制低俗内容，营造清朗的网络空间

为了营造一个积极向上、风清气正的互联网传播环境，保证网络平台节目的质量，反对传播低俗内容，国家相关部门不断出台监督管理国内互联网平台的规章制度。2004年，国家广播电影电视总局颁布了《互联网等信息网

络传播视听节目管理办法》。2007年，国家广播电影电视总局和信息产业部联合发布《互联网视听节目服务管理规定》。2017年，中国互联网视听节目服务协会提出《网络视听节目内容审核通则》。2021年8月27日，中央网信办公布《关于进一步加强“饭圈”乱象治理的通知》，8月30日，文化和旅游部办公厅发布《关于进一步加强文艺工作者教育管理和道德建设的通知》，9月2日，国家广播电影电视总局发布《关于进一步加强文艺节目及其人员管理的通知》，中宣部也印发《关于开展文娱领域综合治理工作的通知》，等等。针对当前互联网存在的问题，及时出台相关法规政策，对其予以纠正。就爱奇艺来说，近年来其相关节目如《奇葩说》、《青春有你》第三季等都因为出现低俗、媚俗，甚至与社会主流价值相违背的问题，而被下架整改，甚至停播。因此，爱奇艺务必要严格审核节目内容，坚决抵制与社会主流价值相违背的节目内容，积极传播社会正能量，提高节目质量，自觉接受主管部门的指导，依法加强网络空间治理，加强网络内容建设，营造一个积极健康、向上向善的网络空间。

（二）应持续打造自制节目内容，深耕圈层文化，打造自己的品牌栏目，进行差异化竞争

爱奇艺秉承打造自制内容的理念，持续坚持自制品牌的打造，如《奇葩说》《我是唱作人》《乐队的夏天》等。爱奇艺本身的品牌发展，以及打造的个性化品牌节目，维持了较高的用户黏性。通过对用户喜好的分析，针对不同用户定制不同定位的节目。如打造音乐系列节目《我是唱作人》《乐队的夏天》等重量级内容。新国潮系列如《潮流合伙人》《下班啦！合伙人》。顺应时代潮流发展，打造优质文化类节目如《我和我的祖国》《上新了·故宫》等。爱奇艺深挖垂直领域的小众节目，以科技创新驱动节目发展，实现不同圈层文化的破圈和综艺节目内容的共振，使得小众题材综艺节目赢得口碑。同时，为了实现与国内其他网络平台的差异化，爱奇艺的自制网络综艺节目可以说真正打造出了自己的品牌，与腾讯视频、优酷网和芒果TV进行最大限度的区分，打造属于自己的IP，在赢得用户的同时，2021年5月18日，爱奇

艺发布的2021年第一季度财报显示，爱奇艺第一季度营收80亿元，同比增长4%，超出市场预期76.74亿元。

（三）应采取多元化营销方式，进一步扩大营收渠道

作为国内头部平台的爱奇艺，其营收主要包括广告收入和用户付费收入。绝大多数视频网站的传统广告营销方式主要就是贴片广告、节目植入广告、节目冠名以及节目主持人口播广告等。然而，当下传媒飞速发展，其竞争也更加激烈，如何在广告营销方面取得胜利，就需要视频平台进行优化创新。爱奇艺也不例外，在综合运用大数据进行节目创作的同时，也利用用户搜索信息的习惯，进行精准化的广告投放，不断创新广告营销力度，在最大化满足客户需求的基础上，找到满足互联网用户的最大平衡点，获得双赢局面。近年来，电商模式的崛起也为爱奇艺创新营收提供了新的渠道，通过“边看边买”的购物模式，结合平台中综艺节目、影视剧的庞大用户群，建立良好的“边看边买”的电商营销模式，从而提升爱奇艺的营收收入。

五、爱奇艺平台大事记综述

百度公司在2010年1月6日投资并组建奇艺视频平台，该视频平台由龚宇担任CEO；随着业务发展，当年的2月24日，正式确定网站名称奇艺及域名，4月开始线上运营。根据业务发展规划，奇艺宣布打造中国第一影视门户网站平台，为平台的发展制定了长远发展目标，可以说为中国视频网站的发展拉开了序幕。

2011年是奇艺视频平台发展的第二年，其PC视频客户端奇艺影音进行了线上公测，并为其视频平台的长远发展制定了“奇艺出品”布局，同时还为国内视频网站的发展积极探索了网络自制行业标准。为了打通线上线下、传统媒体与网络媒体，同年7月，奇艺与安徽卫视联手打造“泰剧独播”计划。2011年11月26日，奇艺品牌升级，启动了“爱奇艺”品牌。

在国内视频平台发展方面，爱奇艺可以说是先行者。2012年4月，爱奇艺联合搜狐视频、腾讯视频，共同成立了“视频内容合作组织”，拉开了国内几大视频平台联合发展的序幕。

2013年，爱奇艺迎来了新的发展机遇，为了实现跨屏发展，5月与河南卫视联合打造大型文化类节目《汉字英雄》，获得观众追捧；7月与北京电视台共同推出新媒体纪录片，迈出传统媒体与新媒体联合制作纪录片的步伐；12月播出的《来自星星的你》更是引爆网络，成为收视热点，爱奇艺受众定制，更成为其扩大影响力的一把利器。

为了进一步提高平台发展空间，2014年，爱奇艺推出4K超高清视频服务，可以说引领了国内视频网站超高清发展的风向。4月，爱奇艺播出的纪录片《舌尖上的中国》第二季，播放量超过1.8亿次，备受关注；9月，文化部联合中国传媒大学、爱奇艺共同发布了《中国动漫指数报告》，动漫的发展成为爱奇艺网站平台的一大亮点；同月，爱奇艺在国际版权论坛上获得了“全国版权示范单位”的称号，版权保护成为爱奇艺发展的保证。

作为国内头部网络平台之一，爱奇艺还持续在公益领域为社会贡献着自己的一份力量。2015年2月，寻亲平台“孩子，你在哪儿”上线，为社会寻亲增添又一大平台，提高寻亲成功机会。同月，爱奇艺独家直播中央电视台春节联欢晚会，创造了全球在线直播的新纪录。3月，开拓“视频+电商”模式，推出《爱上超模》节目，打造了国内电商发展新模式。4月，爱奇艺在开播5周年之际，正式推出视频电商，开启了国内视频网站探索电商发展之路。

2019年，作为国内头部网络平台之一的爱奇艺，会员超过1亿人，会费收入更是高达34亿元人民币，会费成为爱奇艺收入的一大主要来源。2020年1月，市值达970亿元的爱奇艺视频平台，在胡润研究院发布的《2019胡润中国500强民营企业》中位列第67位；9月，爱奇艺获得第四届网影盛典年度创新价值网络平台，成为国内名副其实的头部网络视频平台。

第二节　腾讯视频平台研究

一、腾讯视频平台的概况

腾讯视频是2011年4月正式上线的在线视频平台，2016年提出全新的品牌理念“不负好时光”，以更加年轻化、更能引起用户情感共鸣的定位全新亮相。秉承“内容为王，用户为本”的价值观，打造以影视剧、综艺节目、体育赛事以及新闻资讯为一体的综合视频内容平台。2020年11月4日，腾讯视频（体验版）登陆国行Nintendo Switch平台。目前，腾讯视频覆盖人数超过2亿人，腾讯视频付费会员截至2019年12月31日达1.06亿人。

腾讯视频平台上的影视剧代表作品有《如果蜗牛有爱情》《择天记》《那年花开月正圆》《如懿传》等。网络综艺节目代表作品有《拜托了冰箱》《吐槽大会》《忘不了餐厅》《演员请就位》《令人心动的offer》等。动漫代表作品有《斗破苍穹》《全职高手》《斗罗大陆》等。腾讯视频还参与了BBC纪录片的创投，如BBC经典作品《地球脉动2》《蓝色星球2》《王朝》等。腾讯视频还持续产出如《风味人间》《风味原产地》《早餐中国》《佳节》等弘扬中国传统文化的优秀纪录片节目。

二、腾讯视频自制综艺节目发展历程

腾讯视频自2011年上线，至今已走过11年的发展历程。在这11年的发展过程中，腾讯视频逐渐摸索出属于自己平台特色的发展道路，从2012年打造自己的品牌节目开始，凭借其优质的节目内容和全方位的布局策略，2016年提出“不负好时光”的品牌理念，确立起发展方向，在影视剧、网络综艺节目、体育赛事以及新闻资讯方面，立体化打造特色网络平台。经过不懈努力，腾讯视频在激烈的市场竞争中脱颖而出，目前已成为国内四大头部平台之一。腾讯视频平台在自制节目方面的发展主要分为以下几个阶段。

（一）初步探索期（2012—2013年）

腾讯视频从2012年开始尝试自制网络综艺节目，其最初的自制节目并未脱离电视综艺节目的思维，而且制作门槛比较低，主要围绕娱乐圈的热门资讯以及搞笑内容进行整合，类似于娱乐资讯节目，以轻松搞笑的集锦形式，受到网络用户的欢迎。而正是从这种娱乐资讯节目开始，因其费用低、门槛低，属于小成本制作，流程也比较简单，腾讯视频迈出了自制节目的第一步，也是尝试自制综艺节目的初步探索。2013年4月18日，腾讯视频推出综艺访谈节目《大牌驾到》，由华少和阿雅主持，每周三18:30播出，每期35分钟，邀请演艺界、体育界以及商界等不同领域有影响力的嘉宾进行深度访谈。《大牌驾到》一改被动通告为主动约请，嘉宾紧跟当下热门事件，加入真人秀元素，访谈前后穿插主持人手记和嘉宾手记，从而制造双重悬念；节目还创新地让本期嘉宾回答上一期嘉宾提出的问题，形成嘉宾之间的互动，也令《大牌驾到》更有看点。腾讯视频的《大牌驾到》获得了当年由《南都娱乐周刊》、中国娱乐营销传播研究中心联合艾菲奖共同举办的“2013娱乐营销实效大奖”之最佳视频奖，成为唯一一档获得此奖项的原创视频节目。同时，《大牌驾到》还获得了“金瞳奖”最佳原创视频栏目访谈类金奖。可见，腾讯视频的这档自制综艺节目获得了极高的认可，更是腾讯视频继续坚持自制综艺节目的底气所在。2013年5月，北京卫视播出歌唱竞技类选秀节目《最美和声》，该节目同时还在爱奇艺、腾讯视频和优酷网在线播出。腾讯视频制作了《最美和声》幕后花絮版本的《剧透之最美和声》，将《最美和声》节目背后导师和选手之间发生的故事剪辑并制作播出，是对《最美和声》的有益补充，获得了受众的喜爱。可以说，腾讯视频的初期探索比较成功，对自制综艺节目的试水也获得了较好的反响，为接下来腾讯视频大范围自制节目奠定了坚实的基础。

（二）飞跃发展期（2014—2018年）

2014年被认为是国内“网络综艺节目元年”，正是在这一年，国内各大视频平台在自制综艺节目方面发力。这一时期，全网自制综艺节目涵盖了音乐类、舞蹈类、真人秀类、美食类、竞技类、旅游类等多种类型。腾讯视频也借助这一时期全网自制综艺节目的东风，加上前两年对自制综艺节目的摸索，从2014年开始大力发展网络综艺节目，仅仅在2014年、2015年和2016年这3年，腾讯视频自制网络综艺节目共计55档，以平均每年近20档节目的速度，在自制网络综艺节目的道路上狂飙突进。2017年，腾讯视频自制网络综艺节目超过30档，2018年，腾讯视频自制网络综艺节目近50档。

在这一时期的初期，腾讯视频延续其“剧透”系列综艺节目，制作了一系列节目如《剧透好声音》，揭秘《中国好声音》四大导师“抢人”的背后故事，以及通过大数据来解读、分析“好声音”的养成法则，其中还利用星座因素进行分析，可谓节目创新的一大亮点。还有《剧透之好舞蹈》《剧透之好歌曲》等，可以说，“剧透”系列是腾讯视频在这一时期自制综艺节目的特色，更是对其原有节目如《中国好声音》《中国好舞蹈》《中国好歌曲》等的有益补充，从幕后视角揭示原节目不为人知的一面，观点独特又吸引人。

之后，腾讯视频的自制综艺节目进一步拓宽种类，如2014年7月，腾讯视频与明道工作室联合推出明星真人秀旅行节目《跟着明道趣旅行》；2016年，腾讯视频推出原创明星网友互动类真人秀《约吧！大明星》，明星在完成任务的同时，打造线上线下互动模式，实时与网友互动，可以说是一档由观众决定节目内容的全新网络综艺节目。2016年11月，《约吧！大明星》荣登2016中国泛娱乐指数盛典“中国网生内容榜—网络节目榜TOP10”。

2017年，腾讯视频自制网络综艺节目超过了30档，涉及脱口秀类、美食类、情感体验类、旅行类等多种类型，并且逐渐形成腾讯视频独具特色的网络综艺节目品牌。如脱口秀节目《吐槽大会》《脱口秀大会》；明星真人秀节目《放开我北鼻》第二季、《约吧！大明星》第二季；“明星+美食”节目《拜托了冰箱》第三季等。2018年，国家广播电视总局发布了《关于做好暑期网络视听节目播出工作的通知》和《关于进一步加强广播电视和网络视听文艺节目管理的通知》，对网络综艺节目进行规范，并且进一步强化价值引领作用，坚持网台同一标准、同一尺度。可以说，就在这一年，网络综艺节目进入了“大片时代”。据《2018腾讯娱乐白皮书》的数据显示，国内互联网平台自制综艺节目播放量、热度和口碑排名前10位的节目都来自爱奇艺、腾讯视频、优酷网和芒果TV四大平台。腾讯视频在2018年更注重对正能量青年文化的展现，注重网络综艺节目内容的均衡布局，在自制网络综艺节目方面进一步拓展，如情感观察类节目《心动的信号》《幸福三重奏》等，还有体育竞技类《超新星运动会》，以及文化类节目《一本好书》。

（三）平稳发展期（2019年至今）

进入2019年，国内网络综艺节目经历了爆发期后，全面进入了平稳发展期，腾讯视频也不例外。这一时期，国内的头部网络平台爱奇艺、腾讯视频、优酷网以及芒果TV进入寻求差异化发展竞争阶段。2019年，腾讯视频自制及独播网络综艺节目达45档，位列国内四大平台之首。腾讯视频打造“全内容生态圈”的综艺节目矩阵，依靠强大的制作资源及用户数量，打造不同类型和题材的网络综艺节目。如竞技类节目《演员请就位》《即刻电音》；美食类节目《拜托了冰箱》第三季；文化类节目《一本好书》第二季和《见字如面》第三季；职场类节目《我和我的经纪人》《令人心动的offer》等。腾讯视频还推出了微综艺节目，如访谈类节目《女人30+》，聚焦女性话题，每期节目6分钟，共12集；还推出了《我的宠物是大象》的衍生微综艺节目《“象”我这样的人》。通过微综艺，将原综艺节目的流量进行延伸，给观众带来更立体的网络综艺节目观看体验。“网综+电商”跨平台模式更成为网络综艺节目在这一时期发展的新趋势。腾讯视频制作的《口红王子》第二季以潮牌店经营、艺人明星分享以及好物推荐等方式加以带货，实现跨屏互动的同时，也带来良好的经济收益。2020年由于全球新冠肺炎疫情暴发，“云综艺”为国内综艺节目制作开辟了新的路径。腾讯视频主打明星艺人“云聚会”的节目如《鹅宅好时光》《咕Cloud》以及跨屏互动直播节目《在吗卡吗说话呀》，打造“直播综艺”新潮流。国内主要网络平台竞争激烈，但各平台也出现了合作联动的新趋势。腾讯视频在自制综艺节目上进行了更多节目类型和题材的尝试，也打造出了具有腾讯自己特色品牌的节目，腾讯视频的发展越来越稳定。

三、腾讯视频平台自制综艺节目存在的问题

腾讯视频自2011年上线至今，已经历11年的发展历程，在激烈的市场竞争中，其凭借独特的节目定位和制作理念，已成为国内四大头部平台之一，代表性的网络综艺节目有《吐槽大会》《脱口秀大会》《放开我北鼻》《拜托了冰箱》《心动的信号》等。腾讯视频已经成为国内视频行业发展的佼佼者，然而其自制综艺节目的发展，也面临着不少问题。

（一）网络综艺节目过度娱乐化倾向明显，平台面临亏损压力

当下无论是传统电视综艺节目，还是视频网站自制网络综艺节目，都免不了出现过度娱乐化倾向。同样，腾讯视频在这11年自制网络综艺节目的发展过程中，也不可避免地具有过度娱乐化倾向的问题。平台为了使其节目更具有宣传效果，不惜在节目后期剪辑中制造矛盾，引导话题的产生。这明显属于过度娱乐化的问题，腾讯视频的许多节目都存在这个问题，应该引起节目制作方和平台的重视。只有好的节目质量，才是节目保持长盛不衰的唯一法宝，制造话题、过度娱乐化的节目，注定不会长久。另外，腾讯视频的付费会员数量已达1.06亿人，其在付费用户和会员收入方面都处于同行业平台的前列，但是自制综艺节目的高投入和大制作，以及版权费用的增加，都成为腾讯视频平台营收的“拦路虎”，也影响着腾讯视频平台进一步的发展。

（二）自制文化类综艺节目少，缺少社会主流价值观引领

对于中华民族而言，我们的优秀传统文化就是中华民族的“根”和“魂”。我们的媒体有责任制作和传播体现我国优秀传统文化、符合主流价值观的节目，文化类节目承担着重要的社会责任和使命。腾讯视频在打造多元

产品矩阵的同时，代表主流价值的文化类节目却较少，而脱口秀类、音乐类、美食类、旅游类等较多。虽然腾讯视频也制作了以《一本好书》《见字如面》为代表的文化类节目，然而相比于其他娱乐类综艺节目还是要少很多，且这两档节目还需要不断进行创新。

（三）作为国内头部平台之一，其节目还需要不断创新，尤其是“综N代”缺乏后劲

腾讯视频平台虽然起步较晚，至今也不过历经11年的发展，但是其近年来打造的现象级综艺节目颇为受众所称道，《吐槽大会》《脱口秀大会》《放开我北鼻》《拜托了冰箱》等也都成为腾讯视频具有代表性的综艺节目品牌。然而节目创新仍然是腾讯视频发展的阻碍，尤其是其王牌类综艺节目的代表《吐槽大会》已播出五季，《脱口秀大会》也已播出四季，《拜托了冰箱》已制作了七季，等等。腾讯视频这种制作一季节目，感觉效果较好后，就不断地复制，从而变成“综N代”节目的模式，在当下已使受众产生了审美疲劳，加之节目只是换嘉宾，形式和内容依旧如故，仅仅靠炒作话题维持其N代，最终将消耗掉受众的耐心，也会使节目品牌和腾讯视频平台本身的品牌美誉度一去不复返。

四、腾讯视频平台的发展策略

（一）注重主流价值观的引领，坚决抵制综艺节目过度娱乐化和低俗化倾向

腾讯视频在不断拓宽网络综艺节目类型多元化的同时，更应在人文类综艺节目上着力发展，坚决抵制过度娱乐化和节目低俗化倾向，在打造腾讯视频综艺节目矩阵的同时，努力提高其综艺节目的文化品位和价值倾向，将优秀传统文化价值传承作为节目创新的核心驱动，提高综艺节目的文化价值，引领社会主流价值观。对于《一本好书》《见字如面》这类文

化类节目，更应不断进行创新，将网络传播与艺术性相结合，打造文化类节目的精品，讲好中国故事。作为国内头部网络媒体平台，腾讯视频有责任也有义务制作和传播体现我国优秀传统文化的节目，承担起媒体的社会责任和使命。

（二）深度挖掘IP产业链条，打造多元内容矩阵

企鹅影视高级副总裁马延琨在腾讯视频V视界大会上对“超级IP”这一概念进行了解读，并提出界定“超级IP”的四个维度，分别是超级播放量、超高渗透率、超广影响力以及超强商业价值生命力。通过近几年腾讯视频打造的自制综艺节目，我们可以看出，其极高的点击量已经成为国内头部平台流量和价值的担当，并爆发出强大的影响力和可持续发展力。作为创新力量的代表性节目《演员请就位》，在众多表演秀节目中脱颖而出，真正做到了从导演视角来探讨导演和演员的关系内涵，创造性地在综艺节目中呈现出电影创作的轨迹。可以这么说，《演员请就位》无论是内容还是技术，都是对自制网络综艺节目的全新创作和升级引领。

腾讯视频的自制综艺节目，如设计公益类、观察类、纪录片、旅游类、体育竞技类等，其中最为受众称道的是公益类节目《忘不了餐厅》的推出。该节目采用综艺与科普双向并重的模式，将对阿尔茨海默病的科普融入故事的讲述中，将容易被大众忽视的老年群体带到台前，通过节目的影响力，激发大众对阿尔茨海默病和老年群体的关注，以公益和科普传递爱的温暖。观察类节目如《心动的信号》第二季，通过当代年轻群体之间的交往经历，传递勇敢的价值观。《令人心动的offer》更是作为国内首档律政职场观察类真人秀，为当代年轻人提供“职场生存宝典”。体育竞技类节目如《我要打篮球》、《超新星运动会》第二季等点燃了青年的运动梦想。还有纪录片《早餐中国》《我们的浪潮》等，都以其内容新颖收到广泛好评。腾讯视频网络综艺节目类型多元化、制作精良，在构建多元内容矩阵的同时，更赋予了强大的社会价值，这是腾讯视频得以在国内头部平台竞争中立于不败之地的根本。

（三）打造现象级综艺节目的同时，充分利用微综艺互补优势，跨平台合作

从当下国内综艺节目发展的趋势可以看出，头部平台都有自己品牌特色的现象级综艺节目，同时，微综艺的发展也不容小觑，尤其是腾讯视频在发展之初就一直在制作微综艺方面具有优势。如《演员请就位》可以充分挖掘短小的表演片段，进行二次传播，形成与主节目的传播补充，更加有利于综艺节目的多次分发和传播，从而吸引更多的受众。腾讯视频的微综艺《女人30+》，对话6位知名女艺人，每集6分钟，这样的节目形式更容易寻找社会热点话题，也更容易进行传播。腾讯视频开发的综艺衍生节目，可以以微综艺的形式进行先期传播，选择不同的分发渠道，配合主节目宣传，增强受众对节目的黏性，形成更加强大的传播效应。

当下的多平台合作，不仅是腾讯视频与卫视频道的合作，还可以是腾讯视频与爱奇艺、优酷网等国内视频平台的合作，更可以是与抖音、快手等短视频平台的合作，跨平台对节目进行传播。2019年5月，腾讯视频与华为视频举行合作签约仪式，正式启动深度合作，两家平台围绕视频内容，以运营为基础，实现账号互通、运营协同、技术共享，通过深度合作共同为华为终端用户提供内容服务。

腾讯视频持续深耕已有的IP，不断拓展多元节目类型，关注社会热点话题，洞察社会点滴，完善全产业链布局，不断丰富平台内容矩阵，从而实现全产业链的多方共赢。

五、腾讯视频平台大事记综述

腾讯视频由腾讯科技有限公司打造，并于2011年4月正式上线运营，上线一年多，其日平均播放量已达2亿次。2012年底，腾讯视频正式开通会员制，会员费成为视频平台的重要收入来源之一。2013年，腾讯视频全新Logo（商标）推出，这标志着腾讯视频发展日趋成熟，有了自己的全新标志。

进入2015年，腾讯视频迎来新的发展机遇，其移动端日平均覆盖人数位

列行业第一，发展势头直逼国内另一大视频平台——爱奇艺。2016年，腾讯视频以“不负好时光”为其品牌理念，为赢得更多受众群体做好准备。

2017年1月，腾讯视频获得第74届金球奖颁奖典礼的独家直播权，为平台赢得了更好的行业口碑。在打造人文综艺节目方面，推出了备受瞩目的文化类节目《见字如面》，开创“台网互动”的新阶段。而纪录片《蓝色星球2》的播出，更是拉开了国内视频平台与国际知名传媒BBC合作的序幕。无论是网络综艺节目还是纪录片，都成为腾讯视频平台发展的主力品牌。

2018年起，腾讯视频主打网络综艺节目，推出了现象级网络综艺节目，备受业内关注。2018年，腾讯视频获得了年度播出平台、年度热播剧、年度网络综艺节目、年度真人秀节目、年度推委会特别大奖等5项大奖，位列国内头部网络平台之一。也是这一年，豆瓣网“2018评分最高的十大纪录剧集”名单出炉，由腾讯视频推出的多部作品《王朝》、《如果国宝会说话》第一季和第二季、《风味人间》、《西南联大》等都榜上有名，由此可见腾讯视频的发展势头迅猛。

在社会公益方面，腾讯视频利用自己的优势积极参与公益活动，2019年推出“困境儿童关怀”项目，为帮助困境中的儿童贡献了自己的一份力量。同年年底，腾讯视频付费会员突破1亿人。

2020年，腾讯视频付费会员已经高达1.12亿人，同比增长26%，成为国内付费平台用户增长较快的平台之一。随着平台的发展，2021年，腾讯视频进入了新一轮的组织和人事调整发展期，推出“在线视频BU”，由腾讯视频、微视和应用宝整合而成，腾讯视频提升质量发展，迈入了快车道。

第三节　优酷网平台研究

一、优酷网平台的概况

优酷网，是由古永锵在2006年6月21日创立，同年12月21日正式上线的视频平台，现为阿里巴巴集团数字媒体及娱乐业务的核心业务之一，也是阿里巴巴集团“Double H”（健康与快乐）策略的组成部分。作为中国数字娱乐平台，优酷网的内容体系由剧集、综艺、电影和动漫四大头部内容矩阵和资讯、纪实、文化财经、时尚生活、音乐、体育、游戏、自频道八大垂直内容群构成，拥有国内最大的内容库，其电影片库位居全网第一，院线新片覆盖80%。优酷网现支持PC（个人电脑）、电视、移动三大终端，兼具版权、合制、自制、用户生产内容（UGC）、专业生成内容（PGC）及直播等多种内容形态。

2016年，优酷网自制综艺节目《火星情报局》开启了“超级网综”的时代。2018年，优酷网推出聚焦垂直青年文化的原创网络综艺品牌“这就是”系列。“这就是”系列先后涉足街舞、机器人格斗、街头篮球等多个潮流文化领域。2017年，优酷网提出“超级剧集”的概念，并以有影响力的IP、有号召力的主创、电影级制作为衡量标准。优酷网现有国产综艺节目300多档，覆盖近90%的卫视节目；海外版权库275档，覆盖韩国、英国和美国等国家的影视作品。2020年，优酷网公布新内容策略，以头部剧集和超级综艺为主轴，通过“五大剧场、三条综艺排播带”形成特定用户群，持续提供高品质内容。优酷网包含文化节目与纪录片两大频道。2017年，优酷网发力纪录片赛道，推出如《探世界》、《局部》第二季、《他乡的童年》、《最美中国》等全系列纪录片。优酷体育囊括了国内90%的体育内容资源，包括欧洲五大联赛、欧冠、中超、亚冠等足球赛事版权，同时拥有UFC（终极格斗冠军赛）、WWE（美国职业摔角）、排超等垂直精品赛事版权，形成了以足球产业为核心的体育内容矩阵。2018年7月，优酷体育和苏宁体育旗下的PP体育合作，在赛事直播、联合运营商方面展开合作。此外还有“小小优酷”，是优酷网旗下独立的少儿品牌。优酷网为VIP（贵宾）会员提供几大精彩权益，包括内容、功能、文娱、生活、明星和线下互动等。优酷网的愿景是成为互联网化内容产业引领者、全球用户美好记忆的创造者、快乐和创新指数双高的企业。

二、优酷网发展历程

优酷网自2006年12月21日正式上线以来，从最初模仿美国知名视频网站YouTube（优兔）发展到优酷模式及专业生产内容即PGC模式，并在激烈的视频网站平台竞争中适时做出战略调整，目前已发展成为国内四大头部平台之一。优酷网的发展模式和视频平台寻找差异化过程，有自己的特点，历经起步发展阶段、合并壮大发展阶段和被收购稳步发展阶段，其在发展过程中逐渐形成规模。

（一）起步发展阶段（2006—2010年）

优酷网的发展，最早应从2005年11月古永锵创立合一网络技术有限公司谈起，可以说这是优酷网的雏形阶段。古永锵管理300万美元的“搜索资金”，在中国寻找新一代互联网创业机会。2006年6月21日，优酷网公测上线。12月12日，优酷网融资1200万元，这对于起步阶段的视频网站来说，至关重要。最终，优酷网在12月21日正式上线。当时的全球互联网视频网站的发展，尤其以美国YouTube的发展最受瞩目，初创时期的优酷网决定从视频点播业务开始，并模仿YouTube用户分享视频的方式，也就是说，个人用户可以将自己的原创视频上传到视频网站进行分享。此时，全国的互联网业务和视频分享正如火如荼地兴盛起来。优酷网抓住这一机遇，不断完善用户上传视频的速度和播放视频的流畅程度，以“快”为目标，而且上传视频突破了行业标准200MB的限制，因此到2007年12月底，优酷网视频日播放量突破1亿次，用户黏性增强，其品牌认知度不断在行业中提升。与此同时，优酷网启动了多元化品牌战略，整合视频官网入驻优酷网，并且与电视台、影视音乐公司结成联盟，其势力日趋壮大，成为国内视频网站的领头羊。2010年6月3日，优酷网联手中国电影集团公司、雪弗兰科鲁兹联合启动“11度青春”电影行动，开创全新的“新媒体电影”模式。同年12月8日，优酷网在纽约证券交易所挂牌，成为全球首家在美独立上市的视频网站，其规模日渐扩大，更稳固了在国内头部视频平台的地位。

（二）合并壮大发展阶段（2011—2015年）

2011年1月21日，优酷网获得“中国互联网品牌竞争力排行榜”冠军，与腾讯、百度、阿里巴巴、新浪并称为“中国互联网的五赢家（5 winners）”。同年底，优酷网与土豆网因为版权问题诉诸法律。2012年3月12日，优酷股份有限公司和土豆股份有限公司共同宣布双方已于3月11日签订最终协议，优酷和土豆以100%换股的方式合并，新公司名称为“优酷土豆股份有限公司”。优酷与土豆合并后进行改版，并打通PC、电视和移动三大终端，实现多屏与内容一致性体验。2012年11月7日，优酷与索尼影视达成战略合作，至此，优酷土豆集团已与好莱坞八大主流电影公司全部达成合作，创下国内视频网站最大规模纪录。2013年4月，优酷移动终端的日播放量突破1.5亿次，3个月实现了移动端流量增长50%。4月10日，优酷土豆集团实现集团BU（Business Unit，业务单元）化，将现有业务划分成优酷网、土豆网两大BU，由集团统一领导并提供全面支持，以双核驱动搜库、拍客、自制内容、付费业务等多个重点项目的布局，逐步孵化成为新的BU，并确立了优酷土豆集团“青春、个性、自主、有趣”的品牌定位。2014年4月，阿里巴巴集团和优酷集团宣布建立战略投资与合作伙伴关系，5月，阿里巴巴集团以12亿美元入股优酷，两家公司在技术、数据、营销等多领域展开合作。2015年10月16日，阿里巴巴宣布向优酷土豆发出不具约束力提议，将以每股ADS（美国存托凭证）26.6美元的价格收购优酷土豆，收购剩余全部股权预计总金额将超过45亿美元。

（三）被收购稳步发展阶段（2016年至今）

2016年4月6日，合一集团（优酷土豆）正式成为阿里巴巴旗下全资子公司。优酷土豆同时宣布，将申请停止公司ADS在纽约证券交易所的交易。10月31日，阿里巴巴正式筹建阿里巴巴文化娱乐集团。12月21日，优酷网宣布启动全新品牌标志系统，新Logo色彩更加明亮，设计更加简洁、具有动感。

优酷网的品牌主张更新为“这世界很酷”，用一个充满好奇感的年轻声音，发出对这个精彩世界的赞叹。2017年8月，优酷网独家上线《白夜追凶》，豆瓣网评分超过9.0分，Netflix（奈飞）更是买下了其海外播放权，在全球190多个国家和地区播出，成为首部通过正式渠道在海外大范围落地的国产网络剧集。2018年1月，优酷网对外发布首个综艺系列“这就是”系列，并以系列化作为综艺内容布局的战略方向。5月30日，优酷网正式对外宣布成为2018年世界杯央视指定新媒体官方合作伙伴，成为首个拿下世界杯直播权的主流视频平台。8月25日，《这！就是灌篮》同步在优酷网及浙江卫视播出，豆瓣网评分8.3分。包括该节目在内，优酷网“这就是”系列网络综艺节目在豆瓣网平均分达8.0分以上，成为首个获得市场认可的综艺品牌。10月16日，优酷网和福斯传媒集团签署合作协议，后者买下《这！就是灌篮》模式版权，并确定在中国大陆以外的国家和地区进行模式的本土化开发，开创了国产原创综艺模式出海的先河。2019年1月11日，借助优酷“边看边买”产品模式，《知否知否应是绿肥红瘦》衍生品累计销售额突破1200万元。2020年1月28日，优酷网发起“在家上课”计划，入驻中央电化教育馆主管的国家数字教育资源公共服务体系，为全国师生带来近2000门免费课程资源。2020年1月，全球最具价值500大品牌榜发布，优酷网排名第310位。2021年1月，优酷网获得2020年抖音娱乐年度大赏“抖音年度影响力平台奖”。

三、优酷网自制节目的盈利模式

优酷网自制节目成本不断提高，只有采取多种形式的盈利方式才能使平台持续发展。优酷网在自制节目中的盈利模式主要包括常规广告营销、付费点播、衍生品的开发以及版权分销模式。

（一）常规广告营销

优酷网的广告营销模式，首先便是常规广告，如贴片广告、冠名广告、中插广告、普通图文广告等。除此之外，优酷网还将广告创意与节目内容相结合，以单独制作广告的形式，将广告内容进行优化，这样用户能够在潜移默化中接收到广告。将广告和自制节目相融合的方式，最大化地优化了广告，并被受众所接收，从而使广告和节目内容以最优化的方式得以传达，达到多赢的局面。

（二）付费点播

2020年5月21日，阿里巴巴集团公布2020财年第四季度财报，据财报显示，优酷网日均付费用户持续健康增长，2020财年第四季度同比增长60%，全年同比增长50%。其实，早在2013年，优酷网就尝试与中国电信合作，推出包月、按次等收费方式，向用户提供点播付费的模式。付费模式受到用户青睐，在享受观看内容的同时，还可以免除广告。随着优酷网视频不断提升品质，付费用户的增长成为其网站营收的另一大渠道。

（三）衍生品的开发

对于衍生品的开发，优酷网做了更多尝试，也成为将衍生品作为营收渠道之一而进行最早尝试的国内平台。早在2014年，优酷网就和萌奇文化打造了购物旗舰店，出售《十万个冷笑话》《老男孩》《秦时明月》等知名动漫的衍生品。优酷网还推出首档互动式户外真人秀节目《男神女神》及衍生的6档周边节目，通过线上打赏、线下代言等商业模式进行营销。此外，优酷网还将《火星情报局》等资源节目进行商业化开发。优酷网的衍生品开发获得了用户的认可，从而成为网站平台营收的一大增长点。

（四）版权分销模式

版权分销也是优酷网盈利的模式之一。由于优酷网一直注重自制节目的版权问题，因此将质量好的自制节目版权进行分销，能够成为其自制节目的分销产业，分销渠道可以是国内的其他网络平台、电视台，也可以是国外平台。优酷网制作的《白夜追凶》的海外播出权在2017年8月被Netflix买下，Netflix从而获得了该片在全球190多个国家和地区的播放权，优酷网也获得了可观的版权费。2018年8月25日，优酷制作的“这就是”系列之一的综艺节目《这！就是灌篮》同步在浙江卫视播出，并获得了市场的充分认可。同年10月16日，福斯传媒集团购买了《这！就是灌篮》模式版权，并确定在中国大陆以外的国家和地区进行制作播出。2019年5月10日，Netflix买下了优酷网网络剧《最动听的事》的版权。除此之外，优酷网更是加入电商模式，2020年4月27日，网络剧《二龙湖爱情故事2020》上线优酷网，通过“边看边买”带动片方收益的同时，推动了30余款农产品的热销。

四、优酷网自制节目及特点

优酷网自2006年正式上线开始，其自制节目就代表了优酷网的特点，也是与其他视频平台的最大区别。优酷网历经起步发展阶段、合并壮大发展阶段和被收购稳步发展阶段，在发展过程中逐渐形成规模，而其自制内容一直是平台的核心发展战略。

（一）“牛人计划”

2009年3月26日，优酷网正式推出了“牛人计划”。其目的就是通过网络，选拔全国各地才艺过人的“牛人”，以此打造优酷网的“牛人精神”。优酷网将不同主题和多领域才艺的牛人组成系列，打造综艺节目品牌，如《优酷牛人盛典》《民间牛人》等都成为热播综艺。为了将“牛人计划”延续下去，优酷网接连举办了“优酷大剧盛典”等活动。2011年4月16日，优酷网联合中粮集团斥资千万启动“让梦想飞——中国最牛人”活动。优酷网通过一系列活动，为其自制节目的发展打下了坚实基础。

（二）打造优酷“榜样季”

优酷网在2010年10月13日推出优酷“榜样季”，以此打造网络版“感动中国”。优酷“榜样季”包括榜样人物、榜样剧场、榜样影院、榜样综艺、榜样原创和自制节目六大板块。从六大不同角度带领网友从平凡人中寻找“小人物”所带来的“大榜样”的感动。“榜样季”中的平凡“小人物”都做出了不平凡的“大事迹”，如榜样人物板块中，来自湖北罗田的农民工王天喜、王盼父子二人，挺身而出勇敢与歹徒搏斗，年仅20岁的王盼献出了宝贵的生命，而45岁的父亲王天喜也身负重伤。在榜样剧场板块中有职场榜样剧场中的《单身公主相亲记》、亲情榜样剧场中的《牵挂》、女性榜样剧场中的《小姨多鹤》、青春榜样剧场中的韩国版《恶作剧之吻》等多部精彩剧集。榜样综艺板块则分为励志、家庭、快乐、话题、真情和时尚六大不同主题。2011年3月10日，优酷“榜样季”荣获“中国互联网品牌栏目”称号。2012年5月11日，优酷网倾力打造“榜样盛典”，挖掘“小人物”中的“大榜样”，让榜样的力量深入人心，彰显了优酷网平台的价值取向、责任担当。

（三）以“这就是”系列自制综艺节目扩大品牌影响力

2018年1月31日，优酷网发布了首个网络综艺系列“这就是”系列，以此系列作为网络综艺内容布局的战略方向。2月24日，《这！就是街舞》在优酷网独家上线播出。8月25日，《这！就是灌篮》同步在优酷网及浙江卫视播出。优酷网“这就是”系列网络综艺节目，成为首个获得市场认可的综艺品牌，并开创了我国国产原创综艺模式版权海外营销的先河。

（四）“自制剧+定制剧”多类型联动，同时挖掘女性用户

优酷网以“自制剧+定制剧”的模式，形成五大赛道，包括热血冒险剧、悬疑动作剧、古装言情剧、青春偶像剧和精品短剧。优酷网不断提高自制剧水准，更主动挖掘女性用户。如优酷剧集中心总经理谢颖所说：“优酷主打还是现实主义题材为主，多元题材并重。因为我们觉得好的剧集要展现凝聚人心的力量，弘扬‘小真正大’的价值观。在现实主义题材方面，优酷有《正青春》《危机先生》《平凡的荣耀》等……还有展现当代军人风貌、主旋律的题材，像《蓝焰突击》《猎狐》《号手就位》等剧集。”优酷网剧集向女性倾斜，如《冰糖炖雪梨》就受到了中国女子冰球队的喜爱，女子冰球队后卫刘智新还发微博表示：“希望通过这部剧能让更多人了解冰球，它真的很有魅力，很

热血，很青春！中国冰球加油，《冰糖》快点更新。”优酷网在洞察了女性用户心理的基础上，针对女性用户推出了《白色月光》《回廊亭》《迷雾追踪》《司滕》等女性精品悬疑剧集。随着5G技术的应用，优酷网以创新技术推动内容创作的提高，打通整个自制内容生态链，以全新的技术赋能优质内容生产。

优酷网的使命就是“让世界尽享快乐、智慧和感动”，在打造网络视听平台方面与其使命是一致的。为用户带来更多的快乐，同时把正能量传递出去，优酷网将承担起更多的社会责任和使命，从而推动视频平台健康、持续发展。

五、优酷网大事记综述

2006年6月，古永锵创立优酷网并公测上线；12月正式推出视频平台。伴随着国内视频平台的发展，优酷网的发展也备受业内关注，2017年底，其视频日播放量突破1亿次。

进入2008年，优酷网的发展跃上新台阶，7月获得由国家广播电影电视总局颁发的《信息网络传播视听节目许可证》，优酷网打造合规视频平台走在前列，同年获得了由北京市广播电视局颁发的《广播电视节目制作经营许可证》。2009年，优酷网开启3G战略发展的步伐，开始了“优酷3G手机电视”的发展进程。

为了在国内视频平台竞争中获得优势，2010年，优酷网发布了“优酷指数”，成为国内第一份视频行业用户收视数据产品，为视频平台发展评价提供了新的测量指标。2011年可以说是优酷网发展的关键年，其在“中国互联网品牌竞争力排行榜”中获得冠军，并与国内的腾讯、百度、阿里巴巴、新浪并称为“中国互联网的五赢家”，其发展势头一时无两。2012年，优酷网与20世纪福克斯达成战略合作协议，同年与中央电视台电影频道的电影网达成合作协议，优酷网与国内、国际平台强强联合发展。优酷网还自制了真人秀节目《我是传奇》，标志着进军网络综艺节目的大市场。而优酷网与国内老牌视频平台土豆网的合并，成立“优酷土豆股份有限公司”，更是将国内视频平台的竞争发展推向了新的阶段。4月，优酷网获得由国家新闻出版总署颁发的

《互联网出版许可证》，成为中国视频领域第一家获得涵盖互联网与手机互联网出版许可的商业网站，形成了国内视频网站独特的竞争力。

2013年，优酷网的日均播放量突破了1.5亿次，这一年其推出的网络剧《万万没想到》被网友誉为“2013年网络第一神剧”，累计播放量突破了2亿次，成为视频网站播出网络剧的“神话”；移动端流量更是以50%的速度递增。2014年，首部互联网电影《老男孩之猛龙过江》在全国公映，备受观众推崇。在反对网络侵权方面，优酷网也做出了实际行动，在2015年起诉弹幕网站AcFun侵权，索赔金额高达1800万元，优酷网在打击网络盗版方面，成为国内视频网站的榜样。

2016年，优酷土豆网大力进行改革，最终完成了私有化进程，成为阿里全资子公司；同年12月推出新的品牌标志Logo，更推出了全新视频网站理念——“这世界很酷”，成为独树一帜的国内视频网站平台。2017年，优酷网独家播出的网络剧《白夜追凶》被Netflix买下海外播出权，成为国内首部通过海外平台大范围落地的网络剧集。

网络综艺节目也是优酷网着力发展的内容，2018年，优酷网推出“这就是”系列综艺节目，成为国内网络综艺节目中的现象级系列节目。体育直播也成为优酷网的发展方向之一，尤其是当年的世界杯决赛，超2400万名观众通过优酷网观看直播，其收视再创新高。世界杯64场赛事，累计超过1.8亿名用户在优酷网观看，可以说，体育直播成为优酷网与国内其他视频平台竞争的优势之一。

在与国内电视媒体合作方面，优酷网也不甘落后。2018年，优酷网与浙江卫视同步播出《这！就是灌篮》，成为首个获得国内市场认可的网络综艺品牌。同年11月，《天猫双11狂欢夜》在浙江卫视、东方卫视、优酷网与全球海外电视台同步直播，2500万名用户通过优酷网观看，打破了世界杯决赛直播观看人数纪录。

在“视频+电商”方面，优酷网打造了“边看边买”模式，就《知否知否应是绿肥红瘦》衍生产品销售额突破1200万元，给优酷网带来新的发展尝试，开拓了新的发展领域。

第四节　芒果TV平台研究

一、芒果TV平台的概述

2014年4月，芒果TV正式上线，该平台是以视听互动为核心，融网络特色与电视特色于一体，实现“多屏合一”独播、跨屏与自制的新媒体视听综合传播服务平台，同时也是湖南广电旗下唯一互联网视频平台。2018年6月，快乐购重大资产重组正式获批，芒果TV作为湖南广电“双核驱动”战略主体之一，与芒果互娱、天娱传媒、芒果影视、芒果娱乐物价公司整体打包注入快乐购，正式成为国内A股售价国有控股的视频平台，同年7月，快乐购正式更名“芒果超媒”。芒果TV由湖南快乐阳光互动娱乐传媒有限公司负责具体运营，连续5年获评中国互联网企业100强，连续4年获“世界媒体500强”。芒果TV向用户提供湖南卫视所有电视节目高清视频点播服务，并同步推送热门电视剧、电影、综艺和音乐视频内容，以及部分电视台网络同步直播内容。

二、芒果TV的“前世今生”

作为目前国内头部视频网络平台之一的芒果TV，其发展经历了两个大的时期：一是湖南卫视在2004年成立的“金鹰网”，二是湖南卫视在2014年将金鹰网与芒果TV融合升级为芒果TV。

（一）金鹰网时期（2004—2013年）

作为国内卫视第一阵营的湖南卫视，早在2004年就敏锐地意识到互联网时代的到来。2004年，湖南卫视创办了网络平台金鹰网。成立之初的金鹰网，可以说只是作为湖南卫视的附属媒体，并不断进行改版，直到2008年，金鹰网上线视频功能，划分为视频资讯、视频分享和视频原创板块等。2009年3月，金鹰网上线了芒果游戏板块。2010年5月，金鹰网与腾讯合作，开发台网互动产品。经过不断探索，金鹰网业务不断拓展，涉及视频、网游和电商等领域，并在湖南卫视强大后盾的支持下，金鹰网和湖南卫视“相互扶持”，台网影响力逐渐提高。

金鹰网设立之初，就将湖南卫视及其各频道节目复制到该网站，并且主推湖南卫视收视率高、影响力大的主打节目，如“超级女声”系列、“快乐男声”系列等品牌节目都在金鹰网播出，并且相关视频和花絮等由金鹰网作为辅助传播，进一步提升了“超级女声”系列、“快乐男声”系列的知名度和宣传力度，与湖南卫视形成传播矩阵。为了弥补湖南卫视的互动弱点，金鹰网利用互联网平台的优势，在“超级女声”“快乐男声”海选时就设置网络报名通道，邀请金鹰网的粉丝与明星互动。此外，金鹰网还提供娱乐资讯，不但转载其他网站的资讯，也自制信息，还设立论坛板块，为网友提供交流平台。许多电视观众在看完湖南卫视的节目后，转战金鹰网，在论坛发布观看节目后的感想，并与其他观众交流对节目的看法。金鹰网作为湖南卫视的辅助媒体，一方面二次传播湖南卫视的电视节目，另一方面也扩大了金鹰网自身的传播。湖南卫视与金鹰网由此形成了台网联动传播的矩阵。

（二）芒果TV——纯网络视频平台发展时期（2014年至今）

2014年4月20日，芒果TV上线。4月26日，芒果TV全网独播真人秀节目《花儿与少年》，第一期当日播放量高达220万次，自此芒果独播战略开始实施。正是借助独播战略，芒果TV用户量激增。7月1日，芒果TV的综艺节目《爸爸去哪儿》第二季视频播放量突破1亿次。7月5日，芒果TV网站单周点击量超过1.7亿次。作为国内拥有互联网电视牌照的平台，芒果TV开始进军互联网电视行业。芒果TV与TCL推出联名电视机——TCL芒果TV+互联网电视，这是互联网电视牌照方与电视机厂商合作推出的第一款联名电视机。之后，芒果TV提出“一云多屏、多屏互动”的目标，打造手机、电视、电脑等多终端同步传播体系。9月6日，芒果TV独家视频直播华晨宇北京火星演唱会，开创了明星演唱会多屏直播互动模式的新纪元，有40多万名用户实时观看，创造了行业新纪录。2018年10月10日，芒果TV网络大电影合作大会在北京举行，芒果TV宣布进军网络大电影市场，为网络电影生产者提供一站式服务，“芒果TV将从开发IP、开放平台、资源整合、生态赋能四个方面实施超级4S服务”。2019年8月14日，2019年中国互联网企业100强榜单发布，芒果TV跻身前20位，并连续5年获评中国互联网企业百强。2020年9月27日，芒果TV荣获第四届网影盛典“年度最具社会影响力网络平台”的称号。

三、芒果TV平台的创作主体

芒果TV平台的节目主要由三部分构成：一是湖南卫视及其他频道提供的节目；二是芒果TV与合作平台联合引进的优质节目资源；三是芒果TV自制的节目资源。由于背靠湖南卫视这一大平台，湖南卫视的主打节目在芒果TV播出，可以扩大网络平台的影响力，这是不言而喻的。另外，芒果TV自制节目以及与其他平台联合制作或购买的优质节目，也令芒果TV成为国内视频平台领域的有力竞争者。

（一）湖南卫视为芒果TV提供独家节目

湖南卫视作为国内头部卫视平台，其主打节目在国内具有强大的影响力。芒果TV的独播战略，则是以“电视+网络”的形式，将湖南卫视最具竞争力的节目在芒果TV播出，从而增强芒果TV在视频平台领域的竞争力，如《快乐大本营》《天天向上》《我是歌手》等。2018年，湖南卫视原创节目《声临其境》在芒果TV播出，点播量突破1.5亿次，微博话题阅读量也突破了3.2亿次。可见，湖南卫视的品牌节目在芒果TV播出，对于提升其视频平台影响力的作用是不言而喻的。

（二）芒果TV与其他平台合作，引进优质节目资源

芒果TV展开与优质平台的合作，将其资源引进，进一步优化芒果TV的节目资源。如2015年1月12日，芒果TV直播美国金球奖颁奖典礼，以国际颁奖典礼进一步扩大其影响力，并提升了芒果TV的高端定位。芒果TV还获得了奥斯卡、艾美奖以及格莱美奖等全球范围的颁奖典礼的转播权，成为在国内视频平台中与其他平台如爱奇艺、腾讯视频、优酷网等相比最大的卖点，从而塑造了芒果TV这一优质品牌。芒果TV还与华纳、迪士尼、20世纪福克斯等好莱坞电影公司以及韩国KBS（韩国放送公社）等国际知名影视机构达成长期合作，为国内视频用户提供更多、更优质的节目内容。

（三）芒果TV自制节目

由于芒果TV来自湖南卫视这一天然优势，芒果TV的节目内容和制作资源也都是源自湖南卫视，在这一强大的基因背景下，芒果TV完成了自身制作内容的生产链。芒果TV不仅有自己的创意和制作团队，更有先进设备和系统化的生产线，可以为芒果TV制作独具特色的优质节目内容。如芒果TV自制节目《明星大侦探》，自2016年3月上线，至今已制作七季，仅仅第一季上线播出后，截至2016年5月19日，网络播放量就已突破4亿次，总播放量达9亿次。第二季总播放量14.2亿次，截至2017年3月31日，播放量已达14.17亿次。《明星大侦探》弘扬青春正能量，引领“青年文化”，在探案过程中，将正义与价值观渗透在故事人物与选择里，通过对虚构案件的分析和解构，发现真善美，传递责任感和爱国之情。

四、芒果TV的制作优势

芒果TV脱胎于湖南卫视，经过多次改革，将传统电视媒体与互联网特征相融合，以“一体两翼”布局全媒体平台，从独播到独特再到独创，以及垂直生态的打造，形成了相对独特的媒体融合发展的“芒果模式”。

从湖南卫视推出金鹰网开始，一直到发展成为芒果TV，作为湖南卫视旗下的视频网站平台，芒果TV享有湖南卫视的视频节目、人才团队、精良设备等优质资源。湖南卫视这一强大的电视媒体平台为芒果TV视频网站的发展奠定了不可比拟的优势基础。芒果TV拥有湖南卫视独家互联网视频版权，并且2014年湖南卫视宣布其节目只在芒果TV播出，芒果TV也因其独播策略获得了广告商的青睐，成为国内头部网络平台之一，这得益于湖南卫视的品牌效应和独家视频授权。芒果TV自制节目的团队也来自湖南卫视，在资金支持方面，湖南广电更是投入巨资，如2014年9月12日，湖南卫视与芒果TV共同投资10亿元，打造2015周播精品大剧。同时，芒果TV自制品牌节目如《爸爸去哪儿》第四季、《妈妈是超人》等的宣传片在湖南卫视播出，网台互动效应的品牌传播力、影响力效果显著提升。与此同时，芒果TV还积极实践手机、电视、电脑多屏协调发展，打造“一云多屏”传播模式。湖南卫视和芒果TV形成一台一网、台网联动发展，台与网互相成就对方。2016年，时任湖南广播电视台台长的吕焕斌认为，芒果TV与湖南卫视的发展同等重要，并将其形容为“一体两翼”。

五、芒果TV发展面临的问题及解决对策

芒果TV依靠湖南卫视跃升为国内头部视频平台之一，被国家广播电视总局评为“广电行业融合样板”。2017年，芒果TV实现了扭亏为盈，实现盈利4.89亿元。2018年6月21日，芒果TV注入快乐购获批，成为A股首家国有控股视频平台。2019年5月27日，中国移动以16亿元入股芒果超媒，成为第二大股东。2019年12月17日，芒果TV入选由世界媒体实验室独家编制的2019年度“世界媒体500强”排行榜，总排名第222位，在互联网新媒体领域位列亚洲前10名。然而我们也应看到，芒果TV取得耀眼成绩的背后，也存在许多问题，如芒果TV过度依赖湖南卫视、团队创新力不足、节目内容存在过度娱乐化倾向等。因此，要想使芒果TV获得持续发展，并且在国内头部平台中立于不败之地，必须进行相应改革。

（一）发展过于依赖湖南卫视，应积极拓展节目类型

相对于国内其他头部平台如爱奇艺、腾讯视频、优酷网等的独立发展，且都有自己的发展特色，芒果TV无论是节目内容、人才技术还是资金设备等方面，都过于依赖湖南卫视。芒果TV点击量较高的节目，几乎都来自湖南卫视的品牌节目，如《快乐大本营》《天天向上》《我是歌手》等；即使像《妈妈是超人》、《爸爸去哪儿》第四季、《明星大侦探》等自制节目，也都是湖南卫视品牌节目的衍生品。因此，芒果TV更像是湖南卫视的互联网播放平台，芒果TV对其的过度依赖必然影响自身的长远发展和独具特色品牌的培养。

芒果TV应该采取与湖南卫视差异化的发展策略，因为湖南卫视以“青春中国”为定位，芒果TV除去独播湖南卫视的品牌节目外，更应延伸、扩大其节目类型，如开辟新闻类和体育类节目，从而扩大受众范围，增强用户黏性。

（二）创作团队创新力不足，以互联网思维制作节目

芒果TV是视频节目平台，它先天具有网络的基因，因此芒果TV的节目更应符合当下网络受众的需求。因为湖南卫视的节目是定位于电视受众，完全区别于视频网站平台的受众需求，很显然，在芒果TV播出的节目，相当一部分是来自传统电视台，并不符合当下互联网受众的特点。芒果TV的节目制作团队与湖南卫视的节目制作团队一脉相承，这就需要芒果TV的创作团队改变固有的电视节目制作理念和方法，采用符合互联网受众心理特点的方法制作和营销节目。我们反观爱奇艺、腾讯视频和优酷网，它们都是在多年的发展实践中摸索出符合自己平台特色的节目，甚至很多都已成为现象级网络综艺节目或“超级网综”，这些成功的节目大都满足了当下网络综艺节目受众的需求。因此，芒果TV要不断加以改进，尤其是节目制作团队，要摆脱固有的传统电视节目制作理念，不断创新，自制或引进更多符合当下互联网用户特点的节目，才能使芒果TV得以持续发展。

（三）节目沿袭湖南卫视的节目内容，难免有过度娱乐化的倾向

湖南卫视曾经的节目定位是“快乐中国”，这严重影响了芒果TV节目内容的呈现，甚至有些在芒果TV播出的节目涉及冲击社会底线、低俗化的问题，造成不良的社会影响。尤其是近年来，国家广播电视总局出台一系列规章条例，对低俗化、过度娱乐化节目倾向加以引导，湖南卫视也将“快乐中国”改为“青春中国”的定位，芒果TV也应不断查找自身问题，弘扬主旋律、传播正能量，紧贴时代发展脉搏，聚焦社会热点，宣传好党和国家的大政方针政策。

六、芒果TV大事记综述

芒果TV是湖南广播电视台打造的唯一新媒体机构，最早成立于2006年，2008年启用“芒果TV”作为视频平台的正式名称。2014年，芒果TV全新改版，依靠湖南广播电视台雄厚的实力，新改版的芒果TV日播放量高达200万次。

湖南卫视在电视综艺节目制作和播出方面都有自己的独特优势，因此，2014年4月，芒果TV独播《花儿与少年》，第一期播放量就高达220万次；而芒果TV自制剧《花样江湖》，更是开启了芒果TV自制剧新时代。2014年11月，芒果TV获得了“中国最具品牌影响力传媒网站”称号，发展势头迅猛。同年年底，湖南卫视在广州国际体育演艺中心举办了跨年演唱会，芒果TV通过其新媒体优势，整合全平台优质资源，在国内首开先河，推出五屏网络创意互动新模式。2015年，芒果TV独家直播了美国金球奖颁奖典礼。2016，芒果TV入选“世界媒体500强”。

2018年，芒果TV网不断尝试新的资本运作模式，注入快乐购获批，正式成为A股首家国有控股视频平台。芒果TV还进军网络大电影市场，2019年推出的季播主旋律大片《我爱你，中国》，被中国电影资料馆永久收藏。

2019年，芒果TV跻身中国互联网企业100强，位列全国前20位，并连续

5年入选中国互联网企业100强。芒果TV的飞跃式发展，为国内网络平台所瞩目。

2020年，全球新冠肺炎疫情暴发，芒果TV上线了“防控新型冠状病毒感染的肺炎疫情”专题和特辑，开启了不限地区“春节假期芒果TV免费看”活动，为国内防疫做出了自己的贡献。现在的芒果TV已然成为国内头部网络平台之一，发展势头良好，经济效益和社会口碑双丰收。

第八章　网络综艺节目个案研究

第一节 《乘风破浪的姐姐》节目研究

一、《乘风破浪的姐姐》节目概况

《乘风破浪的姐姐》是由芒果TV在2020年6月推出的女性励志综艺节目，《乘风破浪的姐姐》第一季由黄晓明担任成团见证人，杜华任女团经理人，霍汶希、赵兆和陈琦沅分别担任女团总顾问、音乐总监和舞台总监。最终《乘风破浪的姐姐》由宁静、万茜、孟佳、李斯丹妮、张雨绮、郁可唯、黄龄组成X-sister女团，李斯丹妮获得了“2020浪花最喜爱的X-leader”奖，孟佳获得了“最喜欢宝藏姐姐”荣誉。《乘风破浪的姐姐》第一季于2020年6月12日起每周一至周五12:00在芒果TV播出，电视播出频道为湖南娱乐频道。《乘风破浪的姐姐》第二季于2021年1月22日起，每周五12:00在芒果TV播出，电视版则是在每周五20:10在湖南卫视播出。《乘风破浪的姐姐》第二季成团夜于2021年4月16日晚现场直播，最终由那英、周笔畅、容祖儿、杨丞琳、杨钰莹、王鸥、吉克隽逸组成X-sister女团。

截至2020年7月31日，《乘风破浪的姐姐》节目点击率已超过29.3亿次，微博话题阅读量高达1000亿次，微博热搜优质内容600多条，微博话题谈论2000万条，短视频播放量更是超过9亿次，稳居综艺热搜榜第一名。《乘风破浪的姐姐》节目宣传语为“三十而励，三十而立，三十而骊”，体现了当代女性积极向上的乐观主义价值观。《乘风破浪的姐姐》同时也是大龄女性成团选秀节目的首例，创新了“她”系列节目形态；而节目最后一句宣传语“一切过往，皆为序章；直挂云帆，乘风破浪”更是大气磅礴，直抵人心，催人进取，是当代女性自强自立的真实写照。

二、《乘风破浪的姐姐》节目的成功之道

《乘风破浪的姐姐》不同于以往的选秀类节目，而是邀请30位1990年之前出生，在各自的艺术领域都较有名气的“姐姐辈”女艺人，通过才艺比拼，最终选出7位成员组成X-sister女团。《乘风破浪的姐姐》延续了芒果TV“天生青春”的主张，姐姐们通过节目，传达出她们在这个年龄阶段对婚姻、事业的人生态度，让观众在姐姐们身上看到自信、勇敢、拼搏、向上的人生姿态，以及敢于追求并实现自己梦想的价值观。这档节目成为2020年的现象级原创综艺节目，其守正创新之道，以及自觉践行主流价值的引领行动，凸显了主流媒体的社会责任担当。

（一）以正能量引领积极向上的价值观

2014年10月15日，习近平总书记在文艺工作座谈会上的讲话指出：“互联网技术和新媒体改变了文艺形态，催生了一大批新的文艺类型，也带来文艺观念和文艺实践的深刻变化。由于文字数码化、书籍图像化、阅读网络化等发展，文艺乃至社会文化面临着重大变革。要适应形势发展，抓好网络文艺创作生产，加强正面引导力度。”2016年11月30日，习近平总书记在中国文联十大、中国作协九大开幕式上的讲话指出：“一个时代有一个时代的文艺，一个时代有一个时代的精神。任何一个时代的经典文艺作品，都是那个时代社会生活和精神的写照，都具有那个时代的烙印和特征。任何一个时代的文艺，只有同国家和民族紧紧维系、休戚与共，才能发出振聋发聩的声音。反映时代是文艺工作者的使命。广大文艺工作者要把握时代脉搏，承担时代使命，聆听时代声音，勇于回答时代课题。”面对时代的变革，作为主流媒体的湖南卫视、芒果TV勇于承担社会责任，通过正能量的节目，关注当下社会热点，以正能量引

领社会精神风貌。而《乘风破浪的姐姐》更是以积极的正能量引领社会风尚，以守正创新作为指导，自觉践行价值引领，最终成为现象级综艺节目。

当下的社会发展，女性的年龄焦虑更甚于男性，早在2019年FIRST青年电影展的闭幕式上，演员海清就谈到中年女演员职业发展的焦虑问题，倡议给中年女演员工作机会；演员刘敏涛的歌曲《红色高跟鞋》更是折射了当下女性的普遍焦虑问题。芒果TV敏锐地捕捉到了这一社会热点，通过“乘风破浪的姐姐”这一口号打破女性对年龄的焦虑感，体现女性在社会发展中的作用。在《乘风破浪的姐姐》中，无论是歌手、演员还是主持人，这30位女艺人突破年龄界限，通过一系列才艺展示和比拼，最终7人成团出道。节目试图为心中有梦想的姐姐们提供一个追逐梦想、实现自我目标的机会，从而找回她们的自信心。

《乘风破浪的姐姐》还通过加入“芒果扶贫云超市”直播的形式，助力湖南扶贫产品销售；姐姐们还与湖南省祁东县的留守儿童合唱团一起寻找“最美的声音”。姐姐们的公益活动传递出真挚的人文情怀，实践着自身的价值，弘扬正能量。

（二）以先天的互联网属性，创新节目传播方式

《乘风破浪的姐姐》是芒果TV打造的网络综艺节目，具有先天的互联网属性。节目第一季在网络平台播出，第二季则在芒果TV和湖南卫视两大平台播出。宽松的网络传播环境，使节目更具有互联网的包容性与自由性。加之传播媒介以手机、平板电脑等移动终端为主，符合了当下年轻受众的媒介接触习惯。《乘风破浪的姐姐》的传播依托微博、微信等新媒体，通过大V转发等，可以形成传播矩阵，并且《乘风破浪的姐姐》的播出平台是芒果TV和湖南卫视，这也是当下年轻人十分喜爱的播出平台，打破了传统电视媒体的黄金收视时间规律。更重要的是，《乘风破浪的姐姐》受到了不同年龄段群体的关注，许多“60后”、“70后”、“80后”、“90后”以及“00后”受众都是《乘风破浪的姐姐》的铁杆粉丝。节目在制作过程中对于剪辑、弹幕等手段的灵活运用，更成为一大亮点。可见，《乘风破浪的姐姐》以其先天的互联网属

性，创新了传播方式。

（三）打造原创节目，聚焦社会热点

习近平总书记指出：“文艺的性质决定了它必须以反映时代精神为神圣使命。”2016年，国家新闻出版广电总局下发《关于大力推动广播电视节目自主创新工作的通知》，鼓励创作原创综艺节目，并且大力扶持“公益、文化、原创”节目。湖南卫视、芒果TV始终坚持正确的政治方向、价值取向和舆论导向，创作积极、健康、向上的文艺作品，引领社会正能量。芒果TV推出的《乘风破浪的姐姐》就聚焦于当下女性议题，展现当代女性拼搏精神，进而体现出时代进步所需要的正能量和可贵品质。

芒果TV策划的《乘风破浪的姐姐》源于近年来社会、经济、文化的发展，女性在社会生活中受到的来自职业、生活的压力不断提升，女性年龄焦虑为社会所关注；2018年，微博网友发起倡议，拍摄关于40岁女性的影视作品《淑女的品格》；2019年，知名演员海清希望给中年女演员提供更多工作计划。芒果TV对这样的社会热点进行研讨论证，最终推出原创综艺节目《乘风破浪的姐姐》。该节目第一季先是在芒果TV网络播出，成为2020年夏天点击率超高的网络综艺节目之一，更成为当年的现象级网络综艺节目。2021年，《乘风破浪的姐姐》第二季通过芒果TV和湖南卫视同步播出，进一步引发社会大讨论，引来了关于姐姐们的更多话题和关注。

三、《乘风破浪的姐姐》的创新营销带给其他综艺节目的启示

作为一档现象级网络综艺节目的典范，《乘风破浪的姐姐》的成功，尤其是其节目创新营销带来的思考和启发，值得传媒业界好好学习。其独特的传播营销体系，兼顾节目内容创新和商业价值利益的最大化，都证明了其作为一档优秀网络综艺节目的存在价值。

（一）弹幕强化了节目互动传播渠道

弹幕是网络视频互动的方式之一，尤其是近几年来各大视频网站对弹幕功能的应用，更加强化其互动功能。《乘风破浪的姐姐》节目中对弹幕的应用，在提高节目互动性的同时，更强化了节目传播渠道。在每期节目中，受众通过发弹幕表达对《乘风破浪的姐姐》节目的看法，甚至引起其他受众的共鸣，弹幕主播也会适时引导观众进行弹幕话题探讨，同时与受众一起对节目进行“吐槽”。加之节目本身的花字包装也带有弹幕属性，增加节目的娱乐看点，甚至在弹幕中“吐槽”当下女性年龄焦虑问题以及姐姐们直播带货助农等，还会形成热门话题，通过弹幕强化了节目的传播渠道。

（二）节目组线上线下整合营销传播

《乘风破浪的姐姐》节目组一方面在芒果TV平台上播出节目片花、宣传片进行传播，还利用新浪微博建立姐姐们的官方账号，与话题、宣传片同步传播，扩大节目的传播效果和力度，同时通过姐姐们在节目中的表现，形成话题进行互动，推动口碑宣传。节目还对赞助商进行线上品牌打造，提高消费者认知度和好感度，并抛出姐姐们如何保养等进行话题营销和产品营销。另外，节目组举办成团演出，举行线下见面会，为《乘风破浪的姐姐》节目进行造势宣传。这种线下线上相结合的节目品牌营销，扩大了节目影响力，带动了赞助品牌的知名度，实现了双赢。

（三）专业制作团队是节目质量的保障

《乘风破浪的姐姐》制作团队的导演是吴梦知，湖南卫视导演，具有丰富的传媒从业经验，2005年就是湖南卫视《2005超级女声》的制作团队成员之一；2008年加入天娱传媒，担任宣传总监，负责品牌传播战略；2015年执导真人秀综艺节目《花儿与少年》；2018年执导旅行综艺真人秀节目《妻子的浪漫旅行》；还曾为李宇春的专辑《再不疯狂我们就老了》撰写文案，并为俞灏明复出歌曲《其实我还好》作词，以及为湖南卫视热播综艺节目主题曲创作歌词等。《乘风破浪的姐姐》的另一位导演晏吉，自2016年起担任《明星大侦探》第一季、第二季和第三季的执行制片人；2018年、2019年分别担任《真心大冒险》、《2018青春芒果夜》、《2019青春芒果夜》以及《女儿们的恋爱》第一季到第三季的制片人，可以说传媒经验相当丰富。此外，《乘风破浪的姐姐》制作团队的制作水平极高，完全尊重互联网传播特性，抓住当下年轻观众的心理，为节目成功奠定了观众基础。

四、《乘风破浪的姐姐》传播过程中存在的问题

《乘风破浪的姐姐》作为现象级网络综艺节目，可以说是新媒体传播的创新探索，在获得巨大关注的同时，也创造了巨大的商业价值，成为网络平台自制综艺节目的标杆和典范。然而，《乘风破浪的姐姐》在传播过程中，也存在许多问题，如女性仍然是被凝视和被消费的对象、男性视角的缺失、狂欢视野下的娱乐化等问题，应该引起学界和业界的反思，使其朝着良性方向发展。

（一）节目中女性仍然是被凝视、被消费的对象，姐姐们并不能代表当下社会中的全部女性群体

法国哲学家福柯在他的《规训与惩罚》一书中关注了权力对身体的改造，并阐述了身体政治的研究。福柯认为："肉体也直接卷入某种政治领域；权力关系直接控制它，干预它，给它打上标记，训练它，折磨它，强迫它完成某些任务、表现某些仪式和发出某些信号。"在《乘风破浪的姐姐》节目中，对女性形象的话语建构较为饱满和丰富，但仍然逃不脱女性在节目中被凝视和被消费的问题。姐姐们需要通过才艺比拼，被评价、被观察、被批评，受众在网络上对姐姐们的评价，也会影响她们的商业价值，甚至姐姐们的谈话也成为被评价的对象，因此姐姐们无法摆脱被贴上标签的束缚。有的观众在弹幕中说："看到这些姐姐，我突然不怕变老了。"一方面，《乘风破浪的姐姐》加速了当今女性意识的觉醒，但另一方面，我们更应清醒地认识到，姐姐们本身在节目中具有表演的成分，而她们的社会资源以及经济资源是普通观众所不具有的优势，更代表不了当下绝大多数女性的真实现状。

（二）节目话语建构中存在男性视角缺失的问题

《乘风破浪的姐姐》第一季由黄晓明担任成团见证人，第二季由黄晓明和秦昊先后担任成团见证人。对于一档现象级综艺节目来说，男性角色在节目中出现较少，我们更多看到的是姐姐们在节目中的表现以及话语主导，缺乏男性角色对于节目话语的建构。作为“她综艺”中的现象级网络综艺节目，更不应该缺失男性视角对节目的构成，相反，一档成功的节目，应该是由男性角色和女性角色共同建构的。

五、《乘风破浪的姐姐》的应对之策

《乘风破浪的姐姐》在传播过程中存在的问题，会使当下青年人失去思辨的能力，沉迷于浅层次的娱乐中不能自拔。因此，我们要对《乘风破浪的姐姐》中存在的问题予以纠正，使其承担起应承担的社会责任。

（一）要坚持正确的舆论导向，坚守社会底线和正确的价值观

在当下网络综艺节目发展过程中，不可避免地会对青年亚文化进行传播，尤其是在《乘风破浪的姐姐》这样的网络综艺节目中，要坚决反对“对女性的污名化”以及青年亚文化的负面和消极影响在节目中出现。要不断健全网络视听节目的尺度规范，不能使节目的价值观偏离社会主流价值观，导致节目内容失范。在政府层面，应该制定针对网络视听节目的法律规范，保证网络综艺节目的活力，促使网络综艺节目秉承艺术创作规律和专业水准，向积极健康的方向发展。

（二）展现姐姐们乐观向上的人生态度，引导节目朝着正能量方向发展

《乘风破浪的姐姐》节目整体来说符合当下社会发展方向，贴近社会热点，对当下年轻人有一定的指导意义，但娱乐必须有底线。对于一档现象级

网络综艺节目来说，不能只片面地追求点击量，追求浅层次娱乐的表达，而忽视了节目健康和审美的需求，这不但会损害节目的内在精神，更是对社会价值观的歪曲。《乘风破浪的姐姐》应发挥其引导作用，把控节目的方向，以身作则，使得节目朝着健康、积极的方向发展。

结　语

以《乘风破浪的姐姐》为代表的网络自制综艺节目，拥有一流的制作团队和新颖的互动模式。自2020年受到新冠肺炎疫情影响，传媒行业压力增大，在这一背景下，《乘风破浪的姐姐》第一季播出，并成为2020年现象级原创网络综艺节目，其成功并非偶然，也是当下网络自制节目发展的方向。在这个娱乐泛滥的年代，真正可以兼顾娱乐和传递正能量的节目屈指可数，综艺节目不应该只是单纯追求娱乐，更应该承担起应承担的社会责任。我们应看到《乘风破浪的姐姐》的存在价值，始终秉承综艺节目娱乐与人文相结合的精神，实现社会效益与经济效益的双赢，在拓宽网络综艺节目发展之路的同时，激励网络平台和节目机构生产出更多高质量的网络综艺节目。

第二节　《乐队的夏天》节目研究

一、《乐队的夏天》节目概况

《乐队的夏天》是由爱奇艺和米未传媒联合出品并制作的原创音乐综艺节目，由张亚东、欧阳娜娜、马东、朴树、周迅等担任“超级乐迷”。节目集结了30余支不同风格的乐队，通过不同主题单元的内容设计及音乐表演，角逐“年度HOT5乐队”称号。《乐队的夏天》第一季于2019年5月23日在爱奇艺首播，第二季于2020年7月25日在爱奇艺首播。

《乐队的夏天》第一季集结了反光镜乐队、痛仰乐队、新裤子乐队、旅行团乐队和鹿先森乐队等31支具有代表性和影响力的中国青年乐队。他们在舞台上展现了乐队原创音乐的魅力和创造力。在这31支乐队中，既有成立已经超过20年的老牌乐队，也有“95后”新锐乐队，音乐风格涵盖了朋克、金属、民谣、摇滚等。在节目中，“超级乐迷”马东、张亚东、朴树等不是导师，而是作为与观众一样的乐队乐迷，与观众一起观看表演并向乐队提问题，一起了解乐队的发展和乐队文化。《乐队的夏天》第二季更是集结了校园民谣“元老级”乐队水木年华、后朋克乐队重塑雕像的权力等国内极具影响力的乐队。2020年10月10日，《乐队的夏天》第二季收官之夜，重塑雕像的权力乐队获得冠军，五条人乐队、达达乐队、大波浪乐队、Joyside获得“年度HOT5乐队”称号。

北京奥运会开幕式音响师金少刚担任《乐队的夏天》音响制作。节目的舞美设计更是打破了常态化的空间结构设计，运用乐队元素，用600多把发光吉他架构空间设计，将演播室划分为A，B两大舞台，同时还有现场观众区、嘉宾区和控制台等功能区域。在节目进行的过程中，为了营造更好的现场气氛，发光吉他与灯光相配合，在音乐的节奏中变幻不同灯光效果。观众区没有座椅，乐迷们簇拥在舞台前，与台上的乐队互动，体现了最强的现场感，十分震撼人心。现场的观众具有决定权，通过他们的投票，决定乐队的去留。

《乐队的夏天》第一季成为2019年现象级网络综艺节目。《北京青年报》评论：“《乐队的夏天》这个节目唤醒了人们一度埋在记忆深处有关摇滚和摇滚精神的回忆，重新点燃了和摇滚黄金年代有关的青春、梦想与激情。”节目中的许多乐队受到了观众的关注，包括原本并不知名的九连真人、Click#15、斯斯与帆等。也因此，中国摇滚乐队当下的生产状态引起了人们的关注。

二、《乐队的夏天》传播策略研究

网络综艺节目蓬勃发展，已成为当下年轻人表达自我个性、追求新的文化类型与释放自我的大众传播艺术类型。2019年夏天由爱奇艺推出的音乐类综艺节目《乐队的夏天》，成为当年的现象级网络综艺节目，更是以小众的乐队文化成功破圈，成为获得大众肯定的节目形态，实现了审美品格的新高度和新突破。其传播策略值得学界和业界深入研究，为网络综艺节目多元化发展提供借鉴和思路。

（一）以小众乐队文化成功破圈，为大众所追捧

小众文化是相对大众文化而言，在其小圈子内形成的文化形态，基本为小众圈层所接受。从电视音乐类综艺节目到网络音乐类综艺节目发展的历程可以看出，音乐类综艺节目在经历“超级女声”系列、《中国好声音》等节目后更趋向于细分化，逐渐从大众主流文化向着年轻群体的小众文化发展。许多小众题材节目很难做到大众共享。然而，2019年《乐队的夏天》这档小众类的乐队音乐节目，却成功破圈，为大众所接受，从节目制作、主持人形象、嘉宾与选手的互动等方面，完全打破了大众文化与小众文化的圈层，成为一档真正表达乐队艺术文化的节目。同时，节目更是通过跨媒体、多平台的融合传播，在推广上利用微博、朋友圈等社交平台进行多次传播，整合大众媒介与社会教育媒介，实现多平台和多圈层的曝光，收获了更多的关注，得到了较好的传播效果，使得《乐队的夏天》成功破圈，成为现象级网络综艺节目。

（二）挖掘乐队文化内涵，传播中国传统文化

《乐队的夏天》唤醒了人们记忆深处对乐队的痴迷，更是将摇滚乐重新带回了公众的视野中。以音乐的方式，将喜爱音乐的这个群体的生活状态以故事的形式展现给大众。像新裤子乐队的《生命因你而火热》就是以第一人称的叙事方式，将作品的背景、故事和主题呈现出来，让我们看到一个热爱音乐的乐队——新裤子乐队那份炽热的理想。摇滚乐在中国的发展以及本土化的过程中，渐渐有了中国本土音乐的风格，无论是配器还是音乐内容等，都有中国传统音乐文化的影子。如黑撒乐队以陕西方言演唱、九连真人乐队用客家方言演唱，都带有浓郁的地方特色，成功地使小众音乐突破圈层，获得

更多群体的认可。在九连真人乐队演唱《凡人歌》时，由中国吴氏管乐传承人吴泽琦演奏唢呐；南无乐队改编的《天下》更是由中国鼓、铜锣和箫等多种中国传统民族乐器伴奏，更加具有浓浓的中国风；斯斯与帆乐队的《马马嘟嘟骑》是改编自湖南常德丝弦的一首童谣。摇滚乐的本土化，也是对我国传统文化的融合与发展、传承与认同。《乐队的夏天》里更多的音乐作品是对社会现实的观照，将要表达的内心情感以音乐的方式传递给受众，引发受众的情感共鸣。

（三）打破主持人的角色定位，创新评选赛制获得认可

在媒体融合时代，综艺节目中主持人的节目定位也发生了改变。主持人不再仅仅是串联节目的定位，而是真正参与节目、融入节目。在《乐队的夏天》中，主持人马东的角色定位变化最为明显。马东打破以往节目主持人的定位，以“超级乐迷”的身份参与到节目中，他与观众一样，对许多乐队知识都不懂，带着对乐队音乐和乐队文化等方面的疑问成为节目的推动者和话题制造者。如老牌乐队面孔乐队表演结束后，票数并不理想，马东于是就提出了一个问题：“你们觉得他们（面孔乐队）为什么能够有勇气来？万一票数不好，他们会怎么想？”马东的这一提问，充满了更多的人文关怀，令人感动。其实，老牌乐队参加《乐队的夏天》更多的是因为一种对音乐的情怀，而不是为了争胜负。马东的这一问题，更好地传递出节目所要传达的理念。《乐队的夏天》打破常规赛制和投票形式，将评价全交给观众，而节目嘉宾，即“超级乐迷”们也只是谈论而不能评判。每期节目设置的100—400名现场观众拥有投票权，节目的投票标准只有一个，就是是否喜欢该乐队。因此，《乐队的夏天》将评选权赋予观众，增强了观众对节目的参与感，从而引发更多受众的关注和话题。

（四）节目商业营销较为成功

《乐队的夏天》的商业营销与传统的电视综艺节目广告相比更胜一筹。网络综艺节目的广告投入更加精准和灵活多变，收益也更加可观。在《乐队的

夏天》播出过程中，“超级乐迷”兼主持人马东会结合节目内容，适时调侃广告商，现场的观众和嘉宾都可以随意饮用赞助商提供的饮料；舞台上的荧光板也有闪现的广告，这些都不断给观众潜移默化地传递广告信息，强化了观众对广告的印象。其灵活的广告形式也被观众接受和认可。据相关专业广告调查统计显示，《乐队的夏天》受众群体有59%为25—35岁的职场人士。因此，《乐队的夏天》主要赞助商为饮料、手机和汽车三大类品牌，从而做到了更为精准的投放。

（五）善于利用话题营销，引发对节目的关注，从而形成二次传播

《乐队的夏天》之所以能够破圈，成为现象级综艺节目，除了本身制作精良和节目选题创新之外，还有一点很重要，就是利用话题营销。例如在节目录制中，“朴树录节目中途回家睡觉”就成为微博话题，引发热议。因为最近几年关于年轻人的健康问题一直是热门话题，而朴树在录节目期间要回家睡觉，更是引发了观众对于规律作息的共鸣，并展开讨论；节目中的几个乐队如盘尼西林乐队、痛仰乐队、新裤子乐队等都非常有个性，其叛逆张扬的个性和不服输的气质，引发了较多具有争议性的话题。旅行团乐队在与周洁琼的合作中，由于加入了舞蹈和唱跳设计而遭到乐评人的质疑；刺猬乐队的“陈辉是怎么保养的”话题更是引发了观众对养生的关注；痛仰乐队在节目中改编《我愿意》，现场引发乐评人和乐队的争论，更是在微博达到了1.3万次的讨论量。总之，《乐队的夏天》通过话题营销，吸引了更多受众的关注，扩大了节目的知名度，形成二次传播效应。

结　语

在媒体融合的时代环境中，网络自制综艺节目《乐队的夏天》犹如一匹黑马，从小众乐队节目中破圈，受到了大众的接受和热捧，其独特的节目定位和制作理念更是引发学界和业界热议。《乐队的夏天》将乐队作为核心呈现

给观众，突破了新的审美品格。节目囊括了朋克、金属等多种音乐风格，展现音乐的多样形态，丰富了音乐的内涵，实现了小众文化与大众文化的高度融合，为小众节目的大众化传播探索出新的路径和方式，值得其他节目借鉴。

第三节　《见字如面》节目研究

一、《见字如面》节目概况

《见字如面》由实力文化和黑龙江卫视联合出品，自2016年12月29日起在腾讯视频播出，12月31日起在黑龙江卫视播出，到2021年共制作了五季以及《见字如面·特别制作》。《见字如面》以明星读信为主要形式，通过读信打开历史的过往，带领观众走进那些鲜活的时代场景和丰富的人生故事，触碰那些历史深处的人物情怀和社会风物，重新解读与领悟中国人的精神世界和生活智慧。《见字如面》前两季在嘉宾选择上更多的是老艺术家和中生代艺人，如归亚蕾、何冰、杨澜、陈数等。书信选择跨越古今，涵盖了中国历史的多个阶段，从春秋到魏、晋、唐、宋等。从第三季开始，书信选择范围扩大到国外，力图带给观众多元的审美，激发观众的独立思考。在2020年全球新冠肺炎疫情暴发后，大批医务工作者、志愿者、公安干警等奔赴抗疫一线，这期间产生了许多感人至深的信件，因此《见字如面·特别制作》节目中选择了15封信件，较为全面客观地反映了抗疫一线的人们面对疫情所表现出来的大无畏精神和爱国情怀。《环球网》高度评价了《见字如面》，认为这是一个自带温度的节目，它热忱而不过火，冷静而不冷漠。《见字如面》节目以淳朴真诚的内容传承中国文化、讲述中国故事。其第二季用精心选择的12个主题、60余封书信，延续着对美好的传递、对人性的思考、对真理的信守。

二、《见字如面》节目创新表现

首先，作为国内明星读信类文化综艺节目，《见字如面》中读信嘉宾的选择及真情演绎是其成功的重要保证，更是节目创新的最大亮点之一。对于文化类综艺节目来说，由于其弱情绪化的表达，就要求嘉宾以深厚的文化功底，将节目要传达的情绪和内涵准确生动地传达出来，尤其是书信类节目，对读信嘉宾的专业素养和职业素养要求很高。《见字如面》在嘉宾选择上，选择了老中青三代表演艺术家来实力演绎节目内涵，既有张国立、归亚蕾等老戏骨，也有张涵予、黄志忠、陈数、王耀庆等中年实力派艺术家，还有当红青年演员王自健、林更新等。《见字如面》选择三代实力派表演艺术家，满足不同受众的收视需求，从而扩大了节目的收视群体，提高了节目的收视率。在《见字如面》第三季中，黄志忠选择了白血病患者李真给母亲的信——《对不起，妈！我生病了》。黄志忠以真挚的情感和情绪将李真对生活与生命的向往，以及对家人的不舍，演绎得淋漓尽致，仿佛读信的便是李真本人。在时空交错间，黄志忠幻化为李真，将节目推向高潮，也使这种不舍的情绪将观众淹没，让观众久久难以脱离这种真挚的感情。正是由于《见字如面》对嘉宾的选择做到最精准化，才使得节目受到观众热捧，成为网络综艺节目中的一股清流，成就了书信类节目的现象级传播以及创新发展。

其次，《见字如面》唤醒国人的集体记忆，传播传统文化。1925年，法国社会学家莫里斯·哈布瓦赫（Maurice Halbwachs）首次完整地提出了“集体记忆”的概念。他指出，集体记忆是在一个群体里或现代社会中人们所共享、传承以及一起建构的事或物。一个“记忆的场所”是任何重要的东西，不论它是物质或非物质的，由于人们的意愿或者时代的洗礼而变成一个群体的记忆遗产中标志性的元素。在《见字如面》节目中，对信件的选择跨越时间和空间，既有古代信件又有现代信件，从中华民族历史长河中的无数信件里，选取最能代表中华民族精神和文化的部分展示出来，唤醒身处和平年代的国人的集体记忆，也传播了中华民族的优秀传统文化。在《见字如面》第一季中，选择了中国古代第一封有历史可考的家书，就是秦国将士黑夫与惊兄弟二人从战场上写给家中的大哥衷的信，在信中问候了家中母亲，并索要冬装和钱，请求看顾好新娶的媳妇，提醒新封的爵位会有人送到家中等。从这封信中，我们似乎看到，战场上的黑夫和惊兄弟二人是多么渴望和平，希望早点结束战争，又是多么渴望与亲人团聚，这种思乡之情是那么浓烈，从而唤起了我们的集体记忆，令我们珍惜当下和平幸福的生活和亲情，更要热爱我们的祖国。

最后，《见字如面》极具仪式感的舞台设计和现场配乐，也是节目创新的表现。仪式感，是人们表达内心情感最直接的行为方式，是人们对生活的一种态度。《见字如面》之所以能够成为现象级网络综艺节目，离不开其创新之处，其中就包括舞台设计的仪式感。“一人一信一历史”的仪式感舞台设计，使观众在这种极具仪式感的氛围中，与历史人物产生精神交流，处于沉浸式情感体验之中，从而提高了观众对节目中信件和信件中人物的关注度，使他们产生情感共鸣。在这样的氛围中，观众更是被书信的时代背景所吸引，被书信中人物的情感及价值观的表达所折服，并在深度挖掘书信背后文化的过程中，完成文化的现代化转换。观众在情感共鸣之中，完成了高度的身份认同，也完成了文化价值观的认同，从而形成强大的文化自信心和自豪感。节目中，现场配乐的运用更是将观众带入信件所处的时代，引导观众进入场景化的叙事中，更好地使观众融入书信所传达的意境中，完成深层次的思考。如《见字如面》第三季中选取的江姐江竹筠写给弟弟谭竹安的信，在信中，江姐将孩子托付给好友，祈盼新中国的诞生，同时对孩子的未来寄予殷殷期望，那种难分难舍之情，令人动容。此时演员戚薇读信的背景音乐恰好烘托了这种难以言说的情感，将节目推向高潮，升华了节目的艺术情感。

三、《见字如面》等文化类综艺节目的社会功能

以《见字如面》为代表的文化类综艺节目具有鲜明的中国特色和文化艺

术魅力，创造了收视率新高，成为现象级节目，有力地提升了文化类综艺节目的影响力和竞争力，成为“讲好中国故事”的典型代表，提升了受众对中国文化的自信心和自豪感。

首先，以《见字如面》为代表的文化类综艺节目的高品质发展，增强了中华民族的自尊心和自豪感，更坚定了文化自信。党的十九大报告中指出：“中国特色社会主义文化，源自于中华民族五千多年文明历史所孕育的中华优秀传统文化，熔铸于党领导人民在革命、建设、改革中创造的革命文化和社会主义先进文化，植根于中国特色社会主义伟大实践。”文化类综艺节目的发展，要坚持以文化自信为本，更要与我国文化发展的战略保持高度一致，大力弘扬中华民族优秀传统文化，构建我们的文化自信和民族自信。文化自信是道路自信、理论自信、制度自信的有力支撑，更是中华民族伟大复兴的强大精神力量。

其次，以《见字如面》为代表的文化类综艺节目的创新发展，有利于打造中华优秀传统文化的重要名片。我国著名教育家梁漱溟曾说：“历史上与中国文化若先若后之古代文化，如埃及、巴比伦、印度、波斯、希腊等，或已夭折，或已转移，或失其独立自主之民族生命。唯中国能以其自创之文化绵永其独立之民族生命，至于今日岿然独存。”以《见字如面》为代表的文化类综艺节目，应肩负起传播优秀传统文化的责任和使命，作为传播中华优秀传统文化的一张重要名片。文化类综艺节目的创新发展，要致力于提升传播优秀传统文化的功能，肩负起讲好中国故事的责任与使命。

四、《见字如面》等文化类综艺节目面临的问题

文化类综艺节目的发展备受关注，在弘扬中华优秀传统文化、满足群众精神需求、提升大众文化素养、塑造文化自信方面起着不可忽视的作用。然而，文化类综艺节目在发展过程中，却出现了“叫好不叫座”的现象，以《见字如面》为代表的此类节目在传播过程中面临困境，值得学界和业界进行思考，以期改进文化类综艺节目的发展状况。

（一）文化类综艺节目面临同质化传播的窘境

我国文化类综艺节目发展至今，不但中央广播电视总台和各大主流卫视，乃至于网络视频平台制作的此类节目均呈爆发趋势，如中央广播电视总台的《朗读者》《经典咏流传》《中国诗词大会》《国家宝藏》《典籍里的中国》《中国汉字听写大会》，北京卫视的《上新了·故宫》《念念不忘》《遇见天坛》，河南卫视与爱奇艺打造的《汉字英雄》《成语英雄》，黑龙江卫视与实力文化打造的《见字如面》，江苏卫视的《阅读·阅美》，东方卫视的《诗书中华》，等等。文化类综艺节目主要分为传统诗词类、文字类、书信类、博物馆类、建筑类等，而这些节目主要集中在文化资源方面，从而导致节目的同质化倾向，造成受众的审美疲劳。一旦同类节目泛滥开来，观众对节目的关注度也就随之降低。

（二）融媒体时代，移动新媒体的发展分流了文化类综艺节目的受众

由于以抖音、快手、微信等为代表的移动新媒体的发展，各类短视频成为受众闲暇时娱乐的途径，文化类综艺节目的模式很难使受众在较长时间内维持较高关注度，在娱乐时间和受众总数不变的情况下，受众对文化类综艺节目的关注度以及观看时间很难做到平衡。因此，新媒体分流了部分受众，促使文化类综艺节目的收视率下降。另外，由于受众审美水平的限制，有些文化类综艺节目容易出现“曲高和寡”的现象，从而使普通受众渐渐对文化类综艺节目失去兴趣。而当下新媒体和短视频的发展，其碎片化的特点更符合受众的需求，加剧了文化综艺节目受众的分流。

（三）文化类综艺节目呈现泛娱乐化倾向

所谓泛娱乐化，是指以消费主义、享乐主义为核心，以现代媒介（电视、网络、电影等）为主要载体，以浅薄空洞的内容，通过戏剧化的滥情表演，来放松受众的紧张神经，从而达到收看快感的一种文化现象。当下许多文化

类综艺节目融入更多娱乐元素，以寻求点击率、收视率，因为大众对文化类综艺节目缺乏较高的审美诉求和文化底蕴，此类节目对其的吸引力较低。为了平衡文化节目的价值诉求与大众的收视需求，节目制作者必然会将娱乐元素融入节目中，最终导致文化类综艺节目呈现泛娱乐化情绪，这也是文化类综艺节目需求去解决的问题。

（四）文化类综艺节目的广告收益与其良好的收视口碑存在较大差距

文化类综艺节目数量虽然呈井喷式增长，但其广告收益与良好节目口碑、较高的收视率并不相匹配，也与动辄以亿计算的娱乐节目的招商广告费差距甚远。由此可见，如果没有相应广告商的投入，对于文化类综艺节目的可持续发展可谓是致命因素。这需要节目制作者不断地进行调研，找出相应的对策，从而使得文化类综艺节目的收视率与广告收入成正比，保持节目的可持续性发展。

五、《见字如面》等文化类综艺节目可持续传播的应对策略

在媒体融合的大背景下，要使以《见字如面》为代表的文化类综艺节目实现可持续性发展，应对泛娱乐化倾向，坚守文化类综艺节目的价值取向，就要不断创新其传播策略，提升文化类综艺节目的传播力、影响力，实现良好的传播效果，切实担负起时代所赋予的使命和社会责任，构筑起中华优秀传统文化传播的广阔空间。

首先，媒体融合时代，需要跨平台进行传播。以《见字如面》为例，就是由黑龙江卫视与实力文化联合出品，以视频平台和传统电视媒体相融合的传播方式，提升了传播的广度，也扩大了节目受众的范围。节目相关片段通过短视频平台如抖音、快手等进行传播，从而形成传播矩阵，再加上微博上的话题讨论，形成立体化传播。如微博话题讨论，可以提供实时互动与反馈

的功能，实现节目与受众的沟通，有利于节目进行适时调整，从而不断提升品质，更符合受众需求。

其次，创新节目表现形式，针对不同节目进行特色打造，以破除同质化倾向。文化类综艺节目近年来呈现爆发式增长，不免会出现同质化现象，造成受众的审美疲劳。因此，这类节目就要不断创新，内容为王，抓住文化这一核心，打造节目自身的特点，从而破除同质化趋势，进一步赢得受众青睐。要用好明星嘉宾这一角色，创新嘉宾在节目中的特色，使其更符合节目定位，同时能盘活明星原有的粉丝效应，提升节目的收视热度。

最后，要用好节目的议程设置，与社会热点话题呼应，从而提升节目的社会效应。议程设置理论是由美国传播学者麦库姆斯和肖在20世纪70年代通过实证研究提出来的，该理论认为，大众传播往往不能决定人们对某一事件或意见的具体看法，但可以通过提供信息和安排相关的议题来有效地左右人们关注哪些事实和意见，以及他们谈论的先后顺序。大众传播可能无法决定人们怎么想，却可以影响人们想什么。以《见字如面》为代表的文化类综艺节目本身会形成某一时期的议题，与当下社会发展有相关性，因此，节目完全可以就当下社会发展的某一热点或趋势，在多平台营造话题，进行议程设置，必然会引发社会热议，从而提升节目的关注度。

结　语

文化类综艺节目的发展，承担着社会责任和使命，响应着中华民族伟大复兴需要以中华文化发展繁荣为条件的时代呼唤，承载着历史担当。正如中国新闻网评论指出："《见字如面》仅凭一封信、一个演员、一张讲台的清简形式，仅凭最真实的中国内容，对抗当下流行的超大型喧嚣的综艺节目……被誉为'综艺清流'……这档纯美综艺的推出，宣告网络综艺正式进入'内容时代'。"

第四节 《妻子的浪漫旅行》节目研究

一、《妻子的浪漫旅行》节目概况

《妻子的浪漫旅行》是由芒果TV制作并播出的婚恋类真人秀节目。该节目自2018年8月15日起，每周三12:00在芒果TV播出，2018年11月15日第一季收官，共12期。自2018年第一季播出，至2021年7月14日第五季收官，共播出了五季。《妻子的浪漫旅行》采用的是夫妻隔空对话的模式，“妻子团”开启浪漫之旅，而“丈夫团”则留守录影棚内，远距离观察旅行中的妻子，了解其生活中的另一面。在这场跨时空的夫妻对话中，夫妻之间彼此重新审视并认识自己与对方，以及二人之间的关系。节目也通过这样的隔空对话，展示了夫妻之间对生活、对婚姻的态度，并与观众一起探索婚姻经营之道。

《妻子的浪漫旅行》节目立意于夫妻之间的“理解”二字，无论是妻子的浪漫旅行，还是丈夫在录影棚内的观察，都向观众传达出夫妻之间需要多理解、多扶持的理念。《妻子的浪漫旅行》以综艺节目的形式，融入更多的社会意义。环球网在2018年9月6日发表题目为《〈妻子〉成爆款情感综艺 程莉莎婚姻观引发热议》的文章，认为《妻子的浪漫旅行》立足于近年国内年轻人晚婚、夫妻离婚率高等大背景，将视角延展至婚姻恋爱、夫妻关系处理等，观照社会普遍关注的问题，引发共鸣或探讨。在内容议题上，恰好切中了大众普遍关注的社会问题，同时也鼓励更多单身人士建立积极的婚恋观，向观众传达了暖心的正能量。

二、我国婚恋类真人秀节目的发展历程

我国婚恋类真人秀节目的发展，最早可以追溯到20世纪80年代末，至今

大约经历了四个发展阶段。从电视媒体的征婚启事到今天网络婚恋类真人秀节目，可以说从叙事视角到节目风格都有了极大的创新性，更具有网络媒体传播的特性。从媒体征婚到综艺节目探讨对婚姻的经营之道，芒果TV的《妻子的浪漫旅行》则有了更大的创新，以妻子团的旅行+丈夫团的观察模式，给婚恋类真人秀节目的发展提供了更好的模式。

1988年，山西电视台的《电视红娘》开启了婚恋交友类节目的先河，而当时的婚恋交友只限于公布男女征婚的信息，并没有进行实质性的互动交流，可以说这是婚恋类真人秀节目在第一个发展阶段的雏形；而真正的婚恋类真人秀节目的推出，即第二个发展阶段，是1998年湖南卫视的《玫瑰之约》，征婚男女从幕后真正走到了台前，在节目现场进行互动，加深彼此之间的了解，从此婚恋交友之花开遍全国各大电视媒体；全国婚恋类真人秀节目的第三个发展阶段是2009年，山东卫视推出《爱情来敲门》，但当时婚恋类真人秀节目的影响力并没有被激发，直到湖南卫视推出《我们约会吧》，以及浙江卫视的《为爱向前冲》、安徽卫视的《相亲赢未来》、江苏卫视的《非诚勿扰》等各大卫视及地方电视热播的婚恋类真人秀节目，这一阶段婚恋类真人秀节目中影响力最大的还属江苏卫视的《非诚勿扰》，话题性成为《非诚勿扰》最大的看点。不过随着2010年6月9日国家广播电影电视总局发布的《关于进一步规范婚恋交友类电视节目的管理通知》和《关于加强情感故事类电视节目管理的通知》两份文件，开启了对电视婚恋类真人秀节目的规范，相关电视媒体整改或撤掉了婚恋类真人秀节目。而江苏卫视最终对《非诚勿扰》进行整改后，发展到今天。不过，随着媒介技术的发展，婚恋类真人秀节目也迎来了第四个发展阶段，从传统电视媒体发展到了网络媒体，婚恋类真人秀节目的发展也有了更大的创新，不仅是制作、播出平台从传统媒体转移到网络媒体，更重要的是节目内容和形式都进行了极大创新，芒果TV的《妻子的浪漫旅行》就是其中的代表，也成为我国婚恋类真人秀节目创新发展的代表，从适婚男女谈婚论嫁，到已婚夫妻探讨婚姻经营之道，也反映出我国社会发展的新图景，传递出当下社会正确的婚恋观。

三、《妻子的浪漫旅行》节目特点分析

《妻子的浪漫旅行》作为一档观察类综艺节目，创新了婚恋类真人秀节目的模式，引发了社会的共情和共鸣。该节目聚焦于当下立体的女性生活和夫妻共处之道，也为建立良好的婚姻关系给予反思和建议。在第一季收官后，《妻子的浪漫旅行》微博话题阅读量就高达58.5亿次，平台播放总量突破20亿次，可见节目的受欢迎程度和在社会中的影响力。《妻子的浪漫旅行》的节目特点表现在以下几个方面。

（一）以纪实的慢综艺聚焦社会热点

《妻子的浪漫旅行》以纪实风格影像，对妻子们的旅行进行跟怕，展现了她们在日常生活中的真实状态和内心情感，呈现出明星光环背后最普通、最本真的一面，拉近了观众与妻子团的距离，让观众看到明星妻子们也有自己的生活苦恼，还有她们在家庭婚姻关系中最朴素本真的一面。而丈夫团与妻子团的婚姻日常，也正是普通观众婚姻的真实写照，从而引发共情和共鸣，让观众从明星夫妻的婚姻中找寻夫妻相处的“良药”。

《妻子的浪漫旅行》以当下社会热点的“婚姻”为核心，真实展现婚姻关系中的夫妻关系、职业与生育、家庭琐事以及婆媳问题等最现实的问题。节目的纪实感戳中了观众的同理心。在《妻子的浪漫旅行》中，妻子们通过旅行中的趣事，缓解了生活的困惑与焦虑，也给观众的现实婚姻相处模式带来思考。节目以轻松幽默的方式，探讨严肃的社会热点话题，传递出正确的婚恋观，也为现实中的婚姻关系带来更多的思考和指引。

（二）创新了“旅行+观察”的节目模式

《妻子的浪漫旅行》创新了婚恋类真人秀节目的模式，采用“旅行+观察”的节目新形态，将明星夫妻之间的婚姻相处模式全部呈现出来，将婚姻最本真、最真实的一面展现给观众，使观众在“窥探”明星夫妻婚姻关系的

同时，观照自己的真实婚姻，从而引发更多思考，展现了《妻子的浪漫旅行》节目的社会价值与意义。《妻子的浪漫旅行》还通过线上和线下互动，进一步提升节目影响力。观众在观看节目的同时，可以通过弹幕、微博等互动形式和社交媒体平台，充分表达自己对婚姻关系和夫妻相处之道的观点，既提升了观众的参与度，也增加了节目的曝光量，线上线下的互动促成了节目的二次传播。

四、《妻子的浪漫旅行》节目传播带来的启示

芒果TV制作并播出的《妻子的浪漫旅行》整体发展日益成熟，自2018年8月播出第一季以来，至今已播出五季，通过芒果TV、爱奇艺和湖南卫视等国内主流媒体播出，创新了网络自制婚恋类真人秀节目模式，从而成为网络综艺节目市场中的爆款，获得收视和口碑的双赢局面。《妻子的浪漫旅行》的成功为其他网络综艺节目的发展带来创作经验和启示。

首先，《妻子的浪漫旅行》作为一档观察类综艺节目，打造独具特色的品牌传播，为节目的发展提供经验。《妻子的浪漫旅行》由芒果TV制作，在芒果TV、爱奇艺和湖南卫视播出。芒果TV依靠湖南卫视强大的制作团队，已经制作出《乘风破浪的姐姐》《中餐厅》等综艺节目，有较强的制作团队和成熟的节目运作实践，再加上倚靠湖南卫视的发展，可以说是强强联合。因此，《妻子的浪漫旅行》一经推出，便在网络综艺节目市场中占有一席之地，且形成较大的行业品牌效应。芒果TV的付费观看进一步拓宽了营收渠道。加之节目影响力扩大，用户粉丝激增，因此付费收看芒果TV节目成为常态，更是节目和芒果TV营收的一大渠道。

其次，《妻子的浪漫旅行》选题紧跟社会热点，积极传递社会正能量。节目制作团队通过社会热点的话题性牢牢地吸引受众的注意力，以明星夫妻的婚姻为参照，探讨夫妻相处之道和良好婚姻关系的建立，将其真实地呈现给观众。节目制作团队能够准确把握受众的兴趣点，将现代女性在婚姻、情感、工作、生活等方面的困惑呈现出来，满足受众需求，从而使节目叫好又叫座。

结　语

由芒果TV制作播出的婚恋类真人秀节目《妻子的浪漫旅行》，在把握互联网媒体传播的同时，不断地进行节目创新，形成强大的节目品牌。节目中探讨当下夫妻之间的婚姻关系，紧跟社会热点话题，满足受众的需求，引发了强烈的情感共鸣。婚恋类真人秀节目的发展，目前仍然面临巨大的困难和挑战，《妻子的浪漫旅行》为我国婚恋类真人秀节目树立了榜样，提供了可借鉴的经验，为网络综艺节目的可持续发展营造了良好的艺术生态环境。

第五节　《这！就是灌篮》节目研究

一、《这！就是灌篮》节目概况

《这！就是灌篮》是优酷网推出的青春篮球竞技原创节目，自2018年8月25日开始播出第一季，之后每年一季，截至2021年8月，已播出四季。在《这！就是灌篮》中，“灌篮”既是一个篮球名词、一个技术专业术语，更是需要调动全场的资源、团队配合以及个人能力，才能完成一次的精彩运动。《这！就是灌篮》把中国大学生三对三篮球联赛与娱乐真人秀进行深度融合，通过篮球聚焦青年潮流文化。节目以中国大学生三对三篮球联赛为基本核心，所有热爱篮球的年轻人在这里集结，组队而战，但同时也需要独立作战，经过层层挑战，最终获得MVP（最有价值球员）的称号。《这！就是灌篮》之所以采用三对三篮球比赛形式，是因为东京奥运会篮球比赛项目中已经正式收入三对三篮球项目，而相对于我们熟悉的五对五传统篮球比赛，三对三篮球比赛在技巧方面更加注重个人能力的发挥，也更能够“耍帅”，并且这种规则也是为了鼓励更多的肢体对抗，使得比赛具有更强的观赏性。《这！就是灌篮》引入三对三赛制，是将篮球竞技运动的“帅、快、燃”与节目表演的“综艺感”相结合。

《这！就是灌篮》第一季于2018年8月25日起每周六22:00在浙江卫视首播，接着在优酷网播出，之后每年一季；第四季自2021年8月26日起每周四12:00在优酷网播出。节目将篮球竞技、综艺娱乐以及其他年轻化元素充分融合，传递这个时代最阳光、健康、热血、励志的正能量。中国青年网评论《这！就是灌篮》时指出：“（节目）通过硬朗、阳刚的男性形象的塑造和热血、激燃的画风，重塑大众审美，引导综艺节目中传统男性气质的复归……充斥着男性荷尔蒙……将男性积极、阳刚、坚毅的魅力在这里肆意释放。这也是一次对综艺节目男性形象的重塑，以及以电视节目的名义向传统硬汉气质发出的召唤……在赛制设置、技术手段、表现形式等方面，不仅做到了尊重篮球竞技规则和文化，同时还进行了综艺化创新表达……在以零观看门槛推广篮球运动、带动全民运动热潮、推动又一青年潮流文化的大众化传播之上，浙江卫视和优酷用这样一档节目，不仅为电视综艺创新开辟出了一条新的通道，也为年轻观众传递了积极进取的青春励志正能量。”

二、《这！就是灌篮》节目特色分析

优酷网于2018年推出的《这！就是灌篮》节目，凭借着青春篮球竞技的特色和原创性，无论是主打体育文化、青春元素还是传递社会正能量等方面，都可以被称为2018年最具代表性的原创网络综艺节目。《这！就是灌篮》更开创了网络综艺节目模式反向输出的先河：美国福斯传媒集团买下了这档青春篮球竞技节目的版权，这对于提升我国网络综艺节目的品质以及文化传播都具有里程碑式的意义。

（一）以篮球为卖点，传播体育精神和文化

节目以篮球聚焦当下青年文化，以中国大学生三对三篮球联赛为核心，将不同职业、年龄的篮球爱好者聚集在一起，设置两大阵营，通过激烈的篮球对战，角逐出篮球少年们心目中的MVP。《这！就是灌篮》以篮球比赛为

卖点，激发当下青年人对运动的渴望，展示当下年轻人的体育文化，推动全民健身运动热潮，提高青年人的身体素质，传播体育精神。《这！就是灌篮》还通过篮球选手之间的专业比赛，推广篮球体育文化，传播篮球体育“青春、热血、励志”的正能量。

（二）聚焦青年体育潮流文化，传递正能量

《这！就是灌篮》第一季由优酷网、浙江卫视、天猫以及日月星光传媒联合出品，由周杰伦、李易峰、林书豪、郭艾伦担任四大领队。《这！就是灌篮》第二季由优酷网和阿里体育联合出品，由白敬亭担任篮球发起人，孙悦、王仕鹏担任常驻教练，吸引了包括北京大学2019年CBA选秀状元王少杰、有“汕大杜兰特”之称的朱松玮等超强实力选手加入。《这！就是灌篮》第三季则由朱芳雨、王仕鹏、郭艾伦、周琦担任教练，陈昕葳、金子涵等担任领队。《这！就是灌篮》第四季则分为街头、学院、国际三大赛道，邀请知名球星担当教练，跨界艺人出任球队经理人和领队。可以说《这！就是灌篮》聚焦当下青年体育潮流文化，推广篮球竞技体育文化，传递青春热血的正能量尤为突出。《这！就是灌篮》第一季微博话题阅读量超过了13.5亿次，与节目相关的话题不断登上微博热搜榜，如“周杰伦李易峰上场”“李易峰火锅”等。

（三）网台联合制作播出成为一大亮点

《这！就是灌篮》一改综艺节目的单一制作模式，而是由传统电视台浙江卫视与网络视频平台优酷网，以及天猫和日月星光传媒联合制作。这就使这档综艺节目通过国内头部卫视之一浙江卫视和国内头部网络平台之一优酷网共同播出，既可以覆盖传统电视媒体受众，又吸引了网络平台中的年轻受众，形成巨大的受众群体，同时形成了强大的传播网络，扩大了节目的影响力。

三、《这！就是灌篮》节目创新模式分析

青春篮球竞技原创节目《这！就是灌篮》，是优酷推出的“这就是”系列

网络综艺节目之一。节目聚焦青年潮流文化，以青年人喜欢的篮球运动带动全民运动热潮。《这！就是灌篮》节目的创新之处，也值得学界和业界研究，为网络综艺节目发展提供借鉴。

（一）融合时尚元素，以明星作为导师，吸引年轻受众

《这！就是灌篮》将篮球竞技、综艺元素等年轻时尚元素融入节目，更有花式扣篮表演、乐队表演等作为卖点，成为年轻人竞相模仿的对象。节目中周杰伦的球衣、郭艾伦的球鞋、李易峰的外套等都是时尚焦点，周杰伦送给球员的球鞋更成为天猫的热销单品。节目中还穿插了花式扣篮表演，吸引场外观众尖叫连连，而当日本动画《灌篮高手》的经典音乐响起时，更是令球场沸腾，将节目推向高潮。《这！就是灌篮》中引入演艺界明星周杰伦、李易峰，与职业篮球运动员林书豪、郭艾伦相配合，使得节目看点满满，吸引了更多年轻人观看，同时借综艺节目，将全民健身运动推广开。

（二）打造健康青春新偶像

近年来，由于资本和商业的裹挟，影视剧和综艺节目中男性形象缺乏阳刚之气，并成为“风尚”，长此以往必将对我国青少年的审美趋向产生严重的不良影响。《这！就是灌篮》通过篮球比赛，展现热血拼搏的精神和团队合作精神，为当代青少年树立起一批硬朗、阳刚的男性青春新偶像。如篮球选手杨皓喆是一名戴着眼镜、顶着娃娃头、看似比较瘦弱的选手，比赛时脚上还受了伤，但即使是这样参加比赛，他仍然带领队友赢得了比赛，且一人就拿下了19分，实现了“逆袭”，这正是当下年轻人应该学习的精神，杨皓喆也是值得我们学习的青春偶像。

（三）创新体育亚文化元素

为了能使健身运动成为我国全民生活的一部分，更为了展示当下年轻人的文化，《这！就是灌篮》以篮球竞技为出发点，掀起了一股全民参与体育的热潮。通过篮球高手之间的专业比赛，强调集体荣誉感，同时还展示了个人

拼搏逐梦的精神面貌，充分体现出“青春、热血、励志”的体育亚文化元素。

四、《这！就是灌篮》对我国体育综艺节目发展的启示

我国历来重视体育运动的发展，更是世界体育大国，尤其是自2008年北京奥运会举办后，我国针对体育运动不断推出政策，积极倡导全民健身运动，越来越多的国人开始重视体育锻炼，也有越来越多的民众自发组织和参与体育运动和广场舞等活动，使体育锻炼成为生活的一部分。正是在这样的大背景下，我国关于体育的综艺节目也不断增多，而浙江卫视与优酷网推出的体育真人秀《这！就是灌篮》可以被称为现象级节目，更是在2018年10月的戛纳秋季电视节被福斯传媒集团购入版权，成为国内综艺节目版权向国外输出的成功案例，为我国体育综艺节目的发展带来了许多有益借鉴。

（一）把握时代主题，传递社会正能量

党对文艺工作历来高度重视，这是因为文艺事业是党和人民的重要事业，文艺战线是党和人民的重要战线。2016年11月30日，习近平总书记在中国文联十大、中国作协九大开幕式上的讲话中特别强调：“社会主义核心价值观是当代中国精神的集中体现，是凝聚中国力量的思想道德基础。广大文艺工作者要把培育和弘扬社会主义核心价值观作为根本任务，坚定不移用中国人独特的思想、情感、审美去创作属于这个时代、又有鲜明中国风格的优秀作品。”优酷网和浙江卫视推出的《这！就是灌篮》恰恰体现了这个时代的正能量，也为当代年轻人树立了榜样。可以说《这！就是灌篮》以其守正创新的节目理念，传递了社会主义核心价值观，倡导主流文化，实践着媒体的社会责任。

（二）凭借多渠道联动传播，形成传播矩阵，提升节目关注度和影响力

媒介技术的不断升级、融合，使互联网传播和传统电视媒体传播形成跨屏、多屏联动传播，新媒体与传统媒体形成传播矩阵。《这！就是灌篮》节目

既在主流卫视平台浙江卫视播出，又在国内头部平台视频网站优酷网播出，二者涵盖了不同的收视群体，提升了节目关注度；与此同时，通过微博、微信等新媒体不断制造话题，引发对节目的讨论，提升节目热度；还借助抖音、快手等短视频平台进行辅助推广，多渠道联动传播，全方位覆盖成就了《这！就是灌篮》体育真人秀节目的传播，为未来网络综艺节目的发展提供了借鉴。

（三）以产业链的形式，不断开发综艺节目衍生品，提升营销收益

无论是传统电视媒体，还是网络平台等新媒体，其商业模式的发展路径都有相似性。此外，开发节目衍生产品，打造节目产业链，也成为当下网络综艺节目营收的一大亮点，如视频网站的自制节目以会员形式创造收入。以《这！就是灌篮》为例，通过延长产业链，打造符合当下市场需求的衍生产品，从而拓宽其商业营收。《这！就是灌篮》打造线上产业链，一方面推出四档衍生节目《灌篮勾勾手》、《灌篮燃新番》、纪录片《灌篮吧！兄弟》和《灌篮On Fire》从而提升节目的宣传力度，对原有节目扩容增量，形成强大的传播合力；另一方面为网络平台的VIP用户提供提前观看功能，还有VIP用户专享的加长顶配版。在线下，《这！就是灌篮》节目联合广告商组织篮球赛，通过电商销售灌篮相关商品，从而挖掘市场潜力，扩大营销力度，以线上线下联合运营的方式，打响以灌篮为主题的品牌知名度，从而形成产业链，将节目衍生品产业化，创造更多营销收益点，也为未来体育综艺节目的发展指明方向。

结　语

由优酷网与浙江卫视共同推出的体育真人秀节目《这！就是灌篮》至今已播出四季，凭借其去偶像化、去泛娱乐化以及素人竞技的特点成功破圈。《这！就是灌篮》展现了青春篮球竞技的魅力，该节目所传达的热血与青春主

题，令当下年轻受众心驰神往。正如凤凰娱乐所评论所指出的："《这！就是灌篮》首期精彩绝杀、花式运球、灌篮等瞬间让节目赚足了观众的荷尔蒙。'拼到底，玩得起'的篮球精神也让观众们感受到满满的正能量！"

第六节 《拜托了冰箱》节目研究

一、《拜托了冰箱》节目概况

《拜托了冰箱》是由腾讯视频在2015年12月3日推出的大型明星美食类脱口秀节目，该节目是引进的韩国JTBC同名节目版权，截至2021年6月，已播出七季。每期节目邀请2位明星带着自己的冰箱来到节目现场，揭秘冰箱内容并与6位性格迥异的主厨畅聊美食以及生活趣事；同时，每期节目里的2位主厨将利用明星冰箱里的食材进行15分钟创意料理大对决。《拜托了冰箱》第四季播出后3天内的播放量就突破1亿次，并被称为"下饭综艺"。新华网对节目的评价认为："《拜托了冰箱》没有跟风时下流行话题，而是落脚到真实生活本身，从令人感到轻松愉悦的日常美食出发，自然而然地发散到年轻人感兴趣的话题——从北漂生活到代际关系，节目里嘉宾观点的碰撞引发了年轻观众强烈的情感共鸣。他们也因此主动去探讨、反思和重新发现，那些在快节奏工作中被忽略的美好。"

二、《拜托了冰箱》节目创新策略

自2015年12月3日首播的美食类脱口秀节目《拜托了冰箱》，第一期的点击量高达2500万次，前十期的节目视频总播放量高达4亿次；第二季前四期的播放量已达5亿次，可见节目的火爆程度。基于互联网基因而诞生的网络综艺节目，相比于传统的电视综艺节目，最大的优势就是基于互联网思维的创作，将互联网基因注入节目的各个环节。因此，腾讯视频制作的《拜托了冰箱》这档纯网络综艺节目，就是最典型的代表。

（一）互联网思维贯穿节目始终

“以用户为中心”是互联网时代网络综艺节目发展的核心理念，更重构了网络自制综艺节目的结构。《拜托了冰箱》节目选择年轻受众群体，并借助互联网平台的开放性与灵活性特点，将网络受众的需求放在第一位，最大限度地满足受众的精神需求。《拜托了冰箱》在每期节目中都邀请明星嘉宾讲述自己的冰箱故事，同时两位厨师进行美食制作比拼，满足受众围观的好奇心，更以简单易操作的方式教受众制作美食。节目从开场脱口秀到检查冰箱，再到最终厨师厨艺对决，尤其是15分钟的美食制作，最大限度地符合了当下年轻人快节奏的生活方式，节目的各个环节无不渗透着互联网时代以用户为中心的理念。

（二）以“冰箱”话题作为引爆点，吸引受众的关注

冰箱作为日常生活的必备家用电器，隐藏着一个人的生活日常以及对生活的态度，尤其是明星的冰箱，更是涉及其隐私和八卦的话题。节目通过隐私区域不断切换话题，在打开明星冰箱的环节，主持人引导观众不断猜测明星冰箱内应该有的样子，但是当真正打开冰箱后，发现里面各种食品乃至过期食品等不一而足，更引发观众对明星讲述其经历的心理期待。通过冰箱这一话题，引发观众的兴趣乃至思考。整档节目都采用谈话的形式，聊明星、明星的冰箱、美食背后的故事，以及关于健康生活的问题。《拜托了冰箱》以脱口秀的形式贯穿节目始终，节奏轻松，活泼愉快，因此被称为“下饭综艺”。

（三）媒体融合背景下，实现了多平台整合营销传播，形成强大的传播矩阵

互联网时代，多平台、跨屏传播已成为综艺节目传播常态。例如通过微博发起的《拜托了冰箱》相关话题讨论弹幕和嘉宾名片的点赞互动；视频播

放窗口右侧的互动板块；《拜托了冰箱》微信公众号以及官方微博与明星厨师的弹幕互动，等等，实现多种形式的跨屏立体式互动，最大限度地调动了受众参与节目的积极性，增强了用户黏性，形成巨大的互动传播效应。

结　语

《拜托了冰箱》是引进韩国节目版权后进行本土化改造较为成功的一档节目。每一期的节目话题，都聚焦于当下社会舆论的重点，如对健康话题的讨论，引发了观众对养生问题的共鸣。节目中关于健康、生活以及情感等话题的讨论，迎合了大众的趣味点。《拜托了冰箱》实现了“脱口秀+美食”节目形态的创新，将冰箱话题与生活元素深度融合，在媒体融合背景下，找准受众定位，焕发节目活力，成就了当下最强“下饭综艺”的节目品牌，也映射出当下社会生活的真实面貌。

第七节 《忘不了餐厅》节目研究

一、《忘不了餐厅》节目概况

《忘不了餐厅》是由腾讯视频、恒顿传媒、瀚纳影视联合出品，企鹅影视、恒顿传媒联合制作的关注阿尔茨海默病的公益节目。该节目自2019年4月30日起，每周二20:00和21:30分别在腾讯视频和东方卫视播出，至今已播出两季。节目由店长携手5位患有轻度阿尔茨海默病的老年服务生组成“忘不了家族”，共同经营一家可能会上错菜的中餐厅，开启一场遗忘与守望的温暖碰撞之旅。

《忘不了餐厅》节目源于日本一项为期3天的公益活动：开设一家“会上错菜的餐厅”，邀请10多位阿尔茨海默病患者为客人服务，想以此唤醒大众对于阿尔茨海默病患者的关注。而韩国KBS电视台也制作了一档名为《忘记点餐的美食店》的综艺节目。腾讯视频及其节目创作团队所推出的中国版《忘不了餐厅》，想通过节目让观众明白，对于家里的老年人，尤其是患有阿尔茨海默病的老年人，应该早筛查、早干预、早治疗。同时也提醒观众，阿尔茨海默病暂时无法治愈，但好的心态能够有效帮助患者延缓病情，爱与陪伴更是应尽的责任。

二、《忘不了餐厅》节目特色

《忘不了餐厅》通过真实记录患有阿尔茨海默病的老人与节目嘉宾和餐厅中顾客的互动，让观众更多地关注当下老年人群体、关注阿尔茨海默病，也让老年人能够走进人群、积极参与社交活动，以乐观的态度迎接生活，从而延缓病情。《忘不了餐厅》最大的特点，就是传达对阿尔茨海默病患者的关爱，以真情实感打动观众，唤起关注。以记录+综艺节目的方式聚焦患有阿尔茨海默病的老年人群体。节目采用综艺节目与科普的双重模式，将阿尔茨海默病融入节目的讲述中，从而唤醒大众对周围老年人群体的关注，以公益节目和科普传递温暖与关爱。

《中国新闻出版广电报》认为："'家有一老，如有一宝'。很多时候，由于现实的残酷，我们很难把家中一老当成一宝，就连综艺市场原来也没有'银发族'的一席之地。很多综艺市场都是迎合年轻人的，即使有老人也是年轻人的陪衬。换言之，社会上对老人存在不同程度的漠视甚至歧视。然而，随着老龄化社会的到来，为老年人服务的产业或文艺市场越来越大。《忘不了餐厅》关注老年人的生活和他们的所思所想，是选对了路子，是符合现实需要的综艺节目。"

三、从《忘不了餐厅》看素人网络综艺节目的公益价值路径

国家新闻出版广电总局分别在2015年和2017年发布了《关于加强真人秀

节目管理的通知》和《关于把电视上星综合频道办成讲导向、有文化的传播平台的通知》，明确了对于真人秀明星及数量的限制，同时提出鼓励制作素人与明星相结合的综艺真人秀节目。在此背景下，2019年4月，公益节目《忘不了餐厅》在腾讯视频和东方卫视共同播出。之所以选取阿尔茨海默病这一选题，是由于全球阿尔茨海默病患者人数将在2030年达到7600万人，其中相当一部分患者来自中国，而对阿尔茨海默病的漏诊率高达70%，并且有67%的患者在确诊时已到中晚期，错过了最佳治疗期。为了能够引起社会及家庭对这一疾病的关注，《忘不了餐厅》选取5位阿尔茨海默病老人参与节目，期望通过节目引导社会关注这一疾病，理解和关爱这些老年患者，更重要的是，希望能够为探索对这一疾病非医疗层面的干预提供有益经验。

（一）以打造素人为节目核心，引发情感共鸣

由于真人秀节目同质化较为严重，引发了观众对这类节目的审美疲劳。而《忘不了餐厅》打破真人秀节目的固有模式，创新节目核心元素，选择了5位阿尔茨海默病患者为核心，以明星嘉宾作为节目的辅助，真正做到了国家新闻出版广电总局要求的“星素结合”模式。以“综艺+科普”的形式，将阿尔茨海默病这种认知障碍疾病融合在综艺节目中，如小敏爷爷心算好，就担任出纳；公主奶奶原来是位妇产科医生，就为来餐厅的孕妇主动讲解生育知识；珠珠阿姨会主动告诉大家自己的经历，并以乐观的心态面对衰老的自己，等等。在《忘不了餐厅》中更多的细节展示，让这些患病的老人把自己的个性和能力展现得淋漓尽致，也有戏剧性的一面，传递着温情，营造着欢乐而积极向上的正能量。

（二）直面社会痛点，彰显人文关怀的乐观价值力量

节目聚焦当下社会面临的痛点，将5位患有阿尔茨海默病的老人发生在餐厅内的故事展示给观众，体现出其社会性与公益性；同时作为国内首档关注社会阿尔茨海默病的公益综艺节目，《忘不了餐厅》精准地捕捉到社会老龄化过程中的问题，以真人秀的形式，直面当下社会发展中的痛点，唤醒人们对

这种疾病的关注，进而引发社会的普遍关注，实现最大限度的传播效果。在节目拍摄过程中，节目组对于这5位老人可能会遇到的问题，提前做好了准备工作，如咨询医生，这5位老人在餐厅工作，能不能对治理效果有一定帮助；餐厅内的很多细节地方都进行了防滑处理；请社工为老人提供社工服务，等等，从而确保老人们的安全。节目在后期制作中，为珠珠阿姨恶作剧时“戴上”了一朵小红花，为李君沪爷爷睡觉时制作了“温馨梦境”，等等，都体现出节目对老人百分百的关爱，获得了观众的称赞和认可。

（三）以纪实+公益的形式联动呈现，展现真情实感，强化正确的价值导向

《忘不了餐厅》采用纪实的手法，以纪录片拍摄的方式，展现真实的生活场景和工作环境。节目设置了30多个隐藏镜头，不间断拍摄，并且在现场布置了14个执行机位捕捉画面，真正实现了全纪实拍摄。《忘不了餐厅》还在纪实基础上，呈现了公益色彩，用镜头展示展现了5位患有阿尔茨海默病的老人的状态，唤醒公众对阿尔茨海默病患者的关注，引发情感共鸣。《忘不了餐厅》节目在纪实与公益传播方面做出了积极且有益的探索，引领公众树立积极向上的价值观，传递正能量。

结　语

《忘不了餐厅》创新节目表达方式，直面社会当中关于阿尔茨海默病的问题，将温暖与感动化为治愈的强大动力，契合了时代主旋律，更是对人类命题的关注，引发了社会人文主义关怀。该节目以全新的节目理念，打造一档关注老年人阿尔茨海默病的素人综艺节目，成为当下综艺节目的一股清流。正如中国娱乐网评价所指出的：“这档节目不仅向大众普及了阿尔茨海默病，更在生活日常中探寻与患病老人的相处之道，为达成一个健康的社会关怀体系提供了生动的案例……作为一档‘最好哭’的公益型综艺节目，《忘不了餐厅》从残酷现实出发，聚焦舆论场中的银发群体，但以一种积极的姿态让观

众体会到老年群体以及认知障碍群体的生活，在温暖与感动中帮助这一特殊群体寻求社会的理解与关爱。”

第八节 《令人心动的offer》节目研究

一、《令人心动的offer》节目概况

《令人心动的offer》是腾讯视频自2019年10月30日起每周三20:00播出的律政职场观察类真人秀节目，至今已播出三季。《令人心动的offer》以职场观察为核心，节目设置两个展示空间，第一个空间是在上海市的一家律师事务所，这也是节目展开的主空间，由8名实习生通过一个月的实习来竞争两个转正名额；第二个空间就是演播室，由6位嘉宾组成的“offer加油团”通过观察8名实习生的表现，进行点评，并猜测实习生的排名，从而决定最终转正名额。

《令人心动的offer》之所以选择律师这一行业，主要是因为这一行业和每个人的生活息息相关，且带有神秘色彩，如果能够拿到律师事务所的offer（录用信），确实令人心动，这是策划并制作这档律政职场观察类真人秀节目的初衷。人民网评论指出：“求职、工作的话题关乎每一个人，《令人心动的offer》记录并展示了年轻人初入社会的‘人生第一次’，在此每一位观众都能够找到深深的共鸣。对于未入职场的人来说，它是一次提前的‘预习’，提前告知得到第一份渴望的工作需要做哪些准备；对于初入职场的人们，节目生动诠释了他们求职面试时的状态和心情；对于那些早已不是‘新人’的观众，节目中呈现的初入职场的青涩、胆怯与梦想，这些极易引发观众的怀旧潮。可以说，作为一档职场类观察节目，《令人心动的offer》把握住了不同层次的受众经历和情感心境，是一档给人启发、引人深思的网络综艺节目。”

二、《令人心动的offer》节目创新表现

（一）打破观察类真人秀同质化模式，创新节目表达

无论是传统电视观察类节目，还是国内头部网络平台观察类节目，普遍采用“婚恋+观察”或者是“亲子+观察”的情感模式，如湖南卫视亲情类观察真人秀节目《我家那小子》和《我家那闺女》、芒果TV的婚恋观察类真人秀节目《妻子的浪漫旅行》，以及爱奇艺的《喜欢你，我也是》。观察类节目的同质化模式，也给电视观众和网络受众带来审美疲劳。正是在这样的背景下，腾讯视频推出律政职场观察类真人秀《令人心动的offer》，打破一直以来观察类真人秀的模式，以当下社会较为关注的年轻人初入职场的困惑与压力为切入点，打造这样一档差异化的观察类节目，给受众眼前一亮的感觉，更为初入职场的年轻人带来急需的职场知识，解决年轻人面临职场的种种困惑。

（二）采用两个层次的叙事模式，更加立体地展示节目进程

《令人心动的offer》运用了中国古典小说中常用的双线索叙事模式，并且对两条线索的事件发展进行交替叙述及交流，使事件的发展进程更加清晰。在《令人心动的offer》节目中，一条线索是在律师事务所实习的8名实习生，另一条线索是演播室内的观察者。实习生的实习过程，被观察者不断点评以及预测，不断跟进事件发展进程，满足了观众的好奇心，这也是节目的全新表达。

（三）直面社会现实问题，引发观众的共情

在当今社会发展中，大学生的就业问题一直是社会的热点问题，关系到千家万户的未来和幸福。《令人心动的offer》节目直面社会现实热点，针对高校毕业生就业问题，制作了这档职场观察类真人秀节目，将镜头对准即将走向社会的大学生，期望通过这样一档节目，为将要步入社会的大学生提供更

多的职场经验和知识，使他们不再为即将进入职场而焦虑。这样一档职场观察类真人秀节目，也将初入职场的青涩，呈现给在职场打拼多年的观众，以及那些即将毕业的大学生的家庭，从而引发社会关注与共鸣。《令人心动的offer》每期节目在腾讯视频网络的平均播放量高达8000万次，豆瓣网评分也达到了7.7分，节目官方微博同时获得46万人关注，针对节目的话题引发了观众线下与线上的广泛讨论。

结　语

《令人心动的offer》作为国内首档律政职场观察类真人秀节目，直击当下社会热点，聚焦青年人就业、职场焦虑等普遍关心的问题，反映真实职场生活。同时，双线索叙事模式创新节目表达，为观察类真人秀节目开拓了新题材，也为未来综艺节目的发展开辟了新思路，提供了可供借鉴的经验。

参考文献

[1] 徐舫州，徐帆.电视节目类型学［M］.杭州：浙江大学出版社，2006.

[2] 高鑫.电视艺术学［M］.北京：北京师范大学出版社，1998.

[3] 高鑫，周文.电视艺术概论［M］.北京：北京广播学院出版社，2002.

[4] 张凤铸，关玲.中国当代广播电视文艺学［M］.北京：中国传媒大学出版社，2016.

[5] 熊澄宇.从大众传播到分众传播［J］.瞭望新闻周刊，2004(2).

[6] 黄会林.中国电视艺术发展史教程［M］.北京：北京师范大学出版社，2006.

[7] 郭镇之.中国电视史［M］.北京：中国人民大学出版社，1991.

[8] 常江.中国电视史：1958—2008［M］.北京：北京大学出版社，2018.

[9] 谢耘耕，陈虹.真人秀节目：理论、形态和创新［M］.上海：复旦大学出版社，2007.

[10] 周亭.中国电视娱乐产业研究［D］.上海：复旦大学，2007.

[11] 叶朗.美学原理［M］.北京：北京大学出版社，2017.

[12] 陈旭光.电影工业美学研究［M］.北京：中国电影出版社，2021.

[13] 朱光潜.谈美［M］.桂林：漓江出版社，2016.

[14] 朱光潜.文艺心理学［M］.上海：华东师范大学出版社，2015.

[15] 宗白华.美学散步［M］.上海：上海人民出版社，2017.

［16］叶朗.中国美学史大纲［M］.上海：上海人民出版社，2016.
［17］王德胜.美学原理［M］.北京：高等教育出版社，2015.
［18］勒庞.乌合之众：大众心理研究［M］.冯克利，译.北京：中央编译出版社，2018.
［19］波兹曼.娱乐至死［M］.章艳，译.北京：中信出版社，2017.
［20］李泽厚.美的历程［M］.北京：生活·读书·新知三联书店，2016.
［21］于仰飞.媒体融合背景下网络综艺节目创新价值研究［J］.新闻传播，2021（12）.
［22］中国互联网络信息中心.第47次《中国互联网络发展状况统计报告》［EB/OL］.（2021-02-03）. http://www.cnnic.cn/hlwfzyj/hlwxzbg/hlwtjbg/202102/t20210203_71361. htm.
［23］穆清，吉平."互联网+"视域下网络综艺节目发展策略研究［J］.当代电视，2019（12）.
［24］陆地，胡馨木.中国网络视频行业发展的新视点［J］.当代传播，2015（2）.
［25］潘亚楠.互联网综艺热现象研究［J］.中国广播电视学刊，2016（3）.
［26］腾讯网.2016腾讯娱乐白皮书［EB/OL］. https://ent.qq.com/zt2016/whitePaper/tv_pc.htm.
［27］付晓光，马梁英.去粗取精 蓄势发力：2016年度网络综艺节目发展综述［J］.电视研究，2017（3）.
［28］曾琪，张彬，范明献. 2017中国视频网站自制网络综艺节目发展回顾与趋势分析［J］.声屏世界，2018（4）.
［29］文卫华，胡锦雯. 2018中国网络综艺节目盘点与思考［J］.中国电视，2019（4）.
［30］文卫华，储平如. 2019中国网络综艺节目年度盘点［J］.中国电视，2020（3）.
［31］蒋东鑫，梁颐. 2019年网络综艺盘点与思考：基于新受众的视角

[J].现代视听，2020(1).
[32] 文卫华，尹柳玉.2020年中国网络综艺节目盘点[J].中国电视，2021(4).
[33] 张智华，杨禹琪.2020年中国网络综艺节目发展评析[J].海河传媒，2021(1).
[34] 周敏，于仰飞.从《年代秀》看电视娱乐价值与文化传承[J].当代传播，2013(5).
[35] 王军.国内网络综艺节目13年：演进历程、主要成绩及纾困建议[J].东南传播，2020(8).
[36] 于仰飞，刘以冰.电视文化节目的创新价值研究：以央视《中国诗词大会》为例[J].西部广播电视，2020，41(24).
[37] 王韵，安利利.2019年我国网络综艺节目的特征与趋势[J].当代电视，2020(3).
[38] 刘翔云，曾一果.当前我国网络综艺节目的发展现状及趋势[J].电视研究，2017(8).
[39] 赵京文.网络视听内容发展的现状、特点与趋势[J].传媒，2019(14).
[40] 吴滨吉，范明献.2019年国内视频网站自制综艺节目发展回顾与趋势分析[J].声屏世界，2020(10).
[41] 朱磊.我国网络直播带货发展趋势研究[J].新闻传播，2021(12).
[42] 杨雅，肖安琪."云"趋势与品效合一：我国网络综艺节目的发展历程与新探索[J].教育传媒研究，2020(6).
[43] 孔令顺，范晶菁.云综艺与微综艺：无奈之举还是潮流之趋[J].中国电视，2020(7).
[44] 文卫华，林小平.微综艺：移动传播时代的综艺新形态[J].中国电视，2020(6).
[45] 李文冰，吴莎琪.基于平台生态圈的综艺节目创新研究[J].中国电视，2021(7).

[46] 赵丛敏.爱奇艺视频网站的发展现状及对策探析[J].金融经济，2016(22).

[47] 芦冬雨.爱奇艺网络自制综艺节目的发展研究[J].河北青年管理干部学院学报，2019，31(4).

[48] 韩璐.视频网站的运营发展困境与变革创新研究：以“爱奇艺”为例[D].广州：暨南大学，2019.

[49] 隆佩乘，范明献.2018年国内视频网站自制综艺节目发展回顾与趋势分析[J].声屏世界，2019(4).

[50] 于佳卉.腾讯视频自制综艺节目研究[D].湘潭：湘潭大学，2020.

[51] 袁娟.新媒体时代传统电视转型发展研究：以芒果TV为例[D].长沙：湖南师范大学，2016.

[52] 周寰.芒果TV内容生产研究[D].长沙：湖南大学，2019.

[53] 胡婉.芒果TV网站视频内容研究[D].哈尔滨：黑龙江大学，2017.

[54] 陶新艳.价值引领·类型融合·多元营销：试论《乘风破浪的姐姐》的守正创新之道[J].湖南大众传媒职业技术学院学报，2020，20(4).

[55] 王韵，辛笑颖.建构与消解：身体视域下《乘风破浪的姐姐》解读[J].当代电视，2020(9).

[56] 蔡怀军.从《乘风破浪的姐姐》看芒果TV的发展战略[J].当代电视，2020(9).

[57] 徐灿，兰军.《乘风破浪的姐姐》节目微传播发展策略研析[J].当代电视，2020(9).

[58] 王笑寒.女性媒介形象建构研究：以女团综艺《乘风破浪的姐姐》为例[D].上海：上海师范大学，2021.

[59] 福柯.规训与惩罚[M].刘北成，杨远婴，译.北京：生活·读书·新知三联书店，2007.

[60] 王川川.网络自制节目的沉浸式传播研究：以《乐队的夏天》为例[J].传媒，2020(2).

[61] 王焕驰.透过《乐队的夏天》看音乐综艺如何创新[J].北方传媒研究，2020(4).

[62] 陈凯.文化类综艺节目《见字如面》创新策略研究[D].曲阜：曲阜师范大学，2019.

[63] 杨乘虎.关于文化类综艺节目高品质发展的若干思考[J].中国电视，2019(7).

[64] 杨洁.融媒体时代文化类综艺节目的创作要义和传播策略[J].中国电视，2020(9).

[65] 谢丹.央视文化类综艺节目传播策略研究[J].中国电视，2018(10).

[66] 朱海燕.朗读类文化综艺节目的发展与创新研究[D].上海：上海师范大学，2020.

[67] 王日尧.以受众分析视角探究文化综艺节目的发展策略[D].长春：长春工业大学，2020.

[68] 于仰飞，周敏，李睿.新技术驱动下2021春晚融合创新价值研究[J].中国报业，2021(18).

[69] 林旭.网络体育综艺节目模式创新：以《这！就是灌篮》为例[D].南昌：南昌大学，2020.

[70] 吴兆轩.创新扩散视域下体育真人秀节目《这！就是灌篮》传播策略研究[D].太原：中北大学，2021.

[71] 毕秋爽.我国体育类真人秀节目的叙事特征研究：以《这！就是灌篮》为例[D].开封：河南大学，2020.

[72] 贾宏宝.我国网络综艺创新策略研究：以《拜托了冰箱》为例[J].北方传媒研究，2018(5).

[73] 李菲露."场域"理论视角下的真人秀节目内容生产研究：以东方卫视《忘不了餐厅》为例[D].武汉：武汉体育学院，2020.

[74] 苏杭，陈亮.《忘不了餐厅》：观察类慢综艺的开拓路径[J].上海广播电视研究，2019(4).

[75] 汤雪.论素人综艺节目《忘不了餐厅》的公益价值[J].当代电视，2019(8).

[76] 郑向荣，陈阳.从《忘不了餐厅》看真人秀节目中的素人使用[J].中国电视，2020(9).